Jardinez
avec la
Lune
2013

Collaboration rédactionnelle : Thérèse Trédoulat

Crédits photographiques
- Intérieur : p. 8-9, 34-35, 106-107, 118 : F. Marre/Rustica ; p. 88-89 : C. Hochet/Rustica.
- Couverture : Tiziou / Photononstop (fond) – Christophe Lehenaff / Photononstop (Lune).
- Poster : Philippe Moussette (têtière) – Rustica (autres photos).

Illustrations
Infographies : Michel Marin
Courbes poster : Michel Marin
Pictogrammes : Christian Bourbon
Dessins p. 12 et 13 : Isabelle Frances

Direction éditoriale : Élisabeth Pegeon
Édition : Frédérique Chavance
Suivi éditorial : Christine Grall
Direction artistique : Laurent Quellet
Conception couverture : Christian Bourbon, Mathieu Tougne
Maquette et réalisation : Christian Bourbon
Courbes soli-lunaires : Christian Bourbon
Fabrication : Florence Bellot

Sources données lunaires : Institut de Mécanique Céleste, www.imcce.fr

© 2012, Éditions Rustica, Paris

Tous droits de traduction, de reproduction et d'adaptation strictement réservés pour tous pays.

Dépôt légal : septembre 2012
ISBN : 978-2-8153-0247-0
Code éditeur : 49647 (F12059)
www.rustica.fr
www.fleuruseditions.com

Photogravure : Turquoise
Achevé d'imprimer en août 2012 par IME (France)
Ce livre a été imprimé avec des encres végétales
suivant des procédés préservant l'environnement.

CÉLESTE

Jardinez
avec la
Lune
2013

rustica éditions
15-27, rue Moussorgski - 75018 Paris

Sommaire

La Lune et le jardin **8**	**Le calendrier 2013** **34**

Bibliographie **6**
Avant-propos **7**
La respiration de la Terre 10
   La respiration annuelle 10
   La respiration mensuelle 12
   La respiration quotidienne 14
Les constellations du zodiaque 14
   Les douze constellations 14
   Les quatre éléments 15
Les perturbations lunaires 19
   Périgée et apogée 19
   Les nœuds lunaires 19
   La lune rousse 20
   Les éclipses 20
La Lune et les végétaux 21
Les travaux de jardinage selon
la position de la Lune 22
La plante dans son environnement 24
   Rendre le sol réceptif 24
   Améliorer et nourrir le sol 25
   Choisir les plantes et leur emplacement ... 27
   Lutter contre les maladies et les parasites ... 30
Dessinez votre potager **32**

Comment utiliser le calendrier 36
Calculez votre heure 37
   En France 37
   Hors de France 38
   Les éclipses en 2013 39
Le calendrier **40**
   Janvier 2013 40
   Février 2013 44
   Mars 2013 48
   Avril 2013 52
   Mai 2013 56
   Juin 2013 60
   Juillet 2013 64
   Août 2013 68
   Septembre 2013 72
   Octobre 2013 76
   Novembre 2013 80
   Décembre 2013 84

Jardinez avec la Lune

La météo de votre jardin	88	Les tableaux des cultures	106
Votre carnet de bord météo	90	**Les tableaux annuels**	108
Les indices	90	**Au potager**	
Les courbes soli-lunaires	90	Les légumes-fleurs	108
Exemple d'utilisation des courbes	92	Les légumes-feuilles	109
Année 2013	93	Des choux toute l'année	110
Janvier 2013	94	Des salades toute l'année	111
Février 2013	95	Les plantes aromatiques	112
Mars 2013	96	Les légumes-racines	113
Avril 2013	97	Les légumes-fruits	114
Mai 2013	98	**Au verger**	
Juin 2013	99	Les fruitiers et les petits fruits	115
Juillet 2013	100	**Le bois d'œuvre et de chauffage**	115
Août 2013	101	**Au jardin d'ornement**	
Septembre 2013	102	Toutes les fleurs	116
Octobre 2013	103	Les arbres, arbustes, grimpantes à feuilles	117
Novembre 2013	104	La pelouse	117
Décembre 2013	105	**Index du calendrier**	118

BIBLIOGRAPHIE

- Bertrand (Bernard), Collaert (Jean-Paul), *Purin d'orties et compagnie,* Éditions de Terran, 2003.
- Garnaud-d'Ersu (Valérie), *Le Calendrier du jardin, plante par plante,* Éditions Rustica, 2004.
- Lamontagne (Jean-Claude), *Les Plantes aromatiques,* Éditions Rustica, 2001.
- Renaud (Victor), *Parasites : les traitements bio,* Éditions Rustica, 2004.
- Renaud (Victor) et Dudouet (Christian), *Le Traité Rustica du potager*, Éditions Rustica, 2001.
- Rey (Hans Augusto), *Sachez lire les étoiles,* Éditions Maritimes et d'Outre-mer, 1991.
- Saintyves (Pierre), *L'Astrologie populaire,* Éditions du Rocher, 1989.
- Schimmele (B.), *Cultures associées,* Mouvement de culture biodynamique, Colmar.
- Wagner (Hans), *Le poireau préfère les fraises,* Terre Vivante, 2001.

- Nous remercions l'Institut de mécanique céleste et de calcul des éphémérides pour toutes les données astronomiques aimablement communiquées. Ces données sont accessibles à tous, sur Internet (www.imcce.fr).
- Nous remercions également le Service hydrographique et océanographique de la Marine (www.shom.fr) qui nous a communiqué et autorisé à reproduire les coefficients des marées 2013 à Brest avec la mention suivante :
© SHOM n°136/2012. Reproduction des prédictions de marées du SHOM pour Brest non vérifiée par le SHOM et réalisée sous la seule responsabilité de l'éditeur.

Avant-propos

Déjà 30 ans ! Votre *Jardinez avec la Lune* fête en cette année 2013 son trentième anniversaire. Depuis trois décennies, il vous délivre jour après jour tous les conseils pour être en phase avec l'astre lunaire. Ainsi, vos légumes, fruits et plantes ornementales bénéficient d'un supplément de vitalité, regorgent de saveurs et de parfums tout en résistant mieux et naturellement aux parasites et aux maladies.

Montante ou bien descendante, la Lune vous invite à effectuer un geste plutôt qu'un autre en choisissant le type de plantes – racines, feuilles, fleurs ou fruits – selon la constellation traversée. Reposez-vous lorsqu'elle passe devant les nœuds, se trouve à l'apogée ou au périgée et lors des éclipses, au nombre de cinq en 2013. Tous ces éléments à suivre sont clairement et précisément indiqués au fil des mois.

Si vous n'avez pu réaliser le geste donné en exemple dans le calendrier ou si le climat de votre région ne le permet pas, reportez-vous aux tableaux des cultures en fin d'ouvrage pour connaître les dates plus tardives, mais toujours favorables d'un point de vue lunaire.

Enfin, pour renforcer les effets de la Lune, nourrissez le sol avec votre compost ou des engrais naturels, respectez la rotation des cultures, les bonnes associations entre légumes, aromatiques et fleurs, favorisez les auxiliaires présents au jardin. Paillez aussi le sol dès qu'il est réchauffé pour économiser l'eau qui devient si précieuse, car de plus en plus rare.

Si *Jardinez avec la Lune 2013* est aussi complet, c'est grâce à vous ses lecteurs. Merci à tous de votre fidélité et passez une excellente année dans votre jardin en suivant bien sûr le rythme de la Lune.

La Lune et le jardin

LA RESPIRATION DE LA TERRE

La Terre respire selon trois rythmes : une respiration annuelle conduite par le Soleil ; une respiration mensuelle rythmée par la Lune ; une respiration quotidienne, celle de l'alternance du jour et de la nuit.

La respiration annuelle

Suivons la course du Soleil dans la zone tempérée de l'hémisphère Nord. Nous comprendrons ensuite parfaitement la course de la Lune et ses effets, base de notre calendrier.

L'hiver et le printemps

Au solstice d'hiver le 21 décembre, jour le plus court de l'année (8 h 10 min), le Soleil se lève à l'extrême sud-est de sa course et décrit dans le ciel son arc le plus court. Il se couche à l'extrême sud-ouest pour la nuit la plus longue (15 h 50 min). S'il cessait de briller, nous verrions apparaître derrière lui la très belle constellation du Sagittaire, constellation la plus basse à l'horizon sud. Toute végétation semble absente ou endormie. La terre prépare son renouveau. La nouvelle année solaire commence.

De ce jour le plus court au solstice d'été le 21 juin, jour le plus long (16 h 07 min), le Soleil monte de plus en plus haut dans le ciel. Du Sagittaire, la constellation la plus basse, au Taureau, la constellation la plus élevée, pratiquement au zénith, il est ascendant. Durant ces six mois, la terre, jour après jour, très lentement, se réchauffe. À mesure que le Soleil monte dans le ciel, que les jours rallongent, la sève se manifeste dans l'ensemble du monde végétal.

Nous assistons à une véritable résurrection de la nature qui va progressivement guider les multiples travaux de jardinage : taille fruitière et d'ornement, façonnage de la terre, semis, repiquages, etc. Avec juin se terminent la grande poussée de la végétation et la saison des semis d'été. Celle des récoltes va commencer.

L'été et l'automne

Au solstice d'été le 21 juin, le Soleil amorce sa courbe descendante. Ses rayons chauds deviennent desséchants. Les jours diminuent. Les récoltes battent leur plein et la terre commence à se dénuder. La montée de la sève se calme. Les feuilles des arbres se dessèchent.

Après l'équinoxe d'automne qui a lieu le 22 septembre, vous pourrez peu à peu commencer à travailler le sol pour préparer la prochaine année.

À chaque récolte, la terre s'appauvrit des légumes et fruits donnés. Il faut lui refaire une santé par un apport de compost affiné, de fumures vivifiantes, d'engrais verts dynamisants.

Dans son inspiration profonde, la terre absorbe tous les éléments fertilisants et rééquilibrants que vous lui apportez pour sa reconstruction. La sève redescend dans les racines. Les feuilles s'envolent. Les jours diminuent de plus en plus, l'hiver arrive. Le Soleil, en bas du cycle, retrouve le Sagittaire et un souffle nouveau pour repartir !

Ce sera pour vous le moment de choisir les jours calmes et cléments pour planter les vivaces, les arbres et arbustes à racines nues.

POSITION DE LA TERRE PAR RAPPORT AUX CONSTELLATIONS DU ZODIAQUE

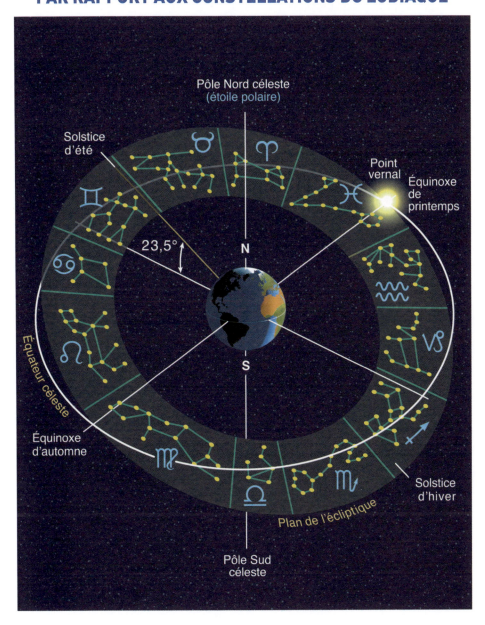

La respiration mensuelle

La Lune fait le tour de la Terre en un mois lunaire d'environ 27 jours. Exactement à l'image du Soleil en une année, elle passe devant chaque constellation du zodiaque et exerce une influence très importante sur la Terre. L'exemple le plus spectaculaire de son action est donné par le phénomène des marées — hautes quand la Lune est à la verticale (zénith ou nadir), basses quand elle est à l'horizon (est ou ouest) —, sensible également à l'intérieur des terres comme le prouvent de multiples expériences conduites par des équipes scientifiques de nombreux pays (Allemagne, États-Unis, Angleterre, etc.).

Regardez le ciel chaque jour. Quand la Lune est là, localisez-la dans votre environnement. Prenez des repères : un arbre, une maison, une colline, etc. D'un jour à l'autre, vous la verrez soit monter, soit descendre…

L'almanach du facteur vous donne les heures quotidiennes des levers de la Lune (chaque jour, en moyenne, une heure plus tard que la veille).

Lune montante : le printemps lunaire

Durant treize jours et demi, la Lune est **montante** de la constellation du Sagittaire, la plus basse, à celle du Taureau, la plus élevée. Elle suit le chemin parcouru par le Soleil du 21 décembre au 21 juin. Pendant cette période, la sève monte dans tous les végétaux et gonfle la partie aérienne des plantes. Voici le moment de prélever des greffons (en les gardant à bonne température jusqu'au moment de greffer), de semer, de récolter les légumes-feuilles, les fruits qui seront juteux à souhait et de couper les fleurs à bouquets.

Prenez comme repère un point fixe, ici un arbre, et notez l'heure. Regardez le lendemain, deux heures plus tard. Si la Lune est plus haute, elle est montante, si elle est plus basse vers l'horizon, elle est descendante.

Lune descendante : l'automne lunaire

Inversement, durant treize jours et demi, la Lune est **descendante** de la constellation du Taureau à celle du Sagittaire et vous la voyez jour après jour descendre dans le ciel toujours plus bas vers l'horizon.

Elle suit le chemin parcouru par le Soleil du 21 juin au 21 décembre. La sève redescend dans les racines. Comme en octobre, la terre absorbe : c'est le moment de planter, de repiquer, d'épandre du compost et des engrais organiques, et de tailler. La reprise des plantes est facilitée, l'enracinement se fait en profondeur ; la terre absorbe bien les fertilisants ; les haies supportent la taille sans difficulté et repoussent moins rapidement. Les plaies d'élagage des grands arbres cicatrisent plus facilement.

On appelle révolution sidérale le mouvement ascendant et descendant que la Lune décrit en une durée de 27 jours, 7 h, 43 min, 11 s. **C'est ce mouvement montant et descendant qui nous intéresse au jardin.**

Lune croissante, Lune décroissante

Un autre cycle s'effectue également en un mois, plus exactement en 29 jours, 12 h, 44 min, 2 s. C'est la révolution synodique. **Nous n'en tenons pas compte pour jardiner avec la Lune.**

La Lune est **croissante** de la nouvelle lune à la pleine lune. À la nouvelle lune, elle est en conjonction avec le Soleil qui éclaire sa face invisible et elle disparaît du ciel. Puis on voit une mince faucille qui croît chaque jour pour devenir le premier quartier et aboutir à la pleine lune.

La Lune est **décroissante** de la pleine lune à la nouvelle lune. À la pleine lune, elle est entièrement éclairée par le Soleil et apparaît toute ronde. Elle décroît ensuite chaque jour pour disparaître entièrement à la nouvelle lune.

Attention ! **Ne confondez pas lune montante et lune croissante, lune descendante et lune décroissante.**

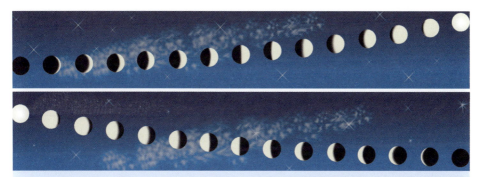

En haut, la Lune croissante débute avec la nouvelle lune, invisible dans le ciel, puis passe par le premier quartier et se termine à la pleine lune. Le croissant grossit un peu chaque jour jusqu'à former un globe. En bas, elle est décroissante de la pleine lune à la nouvelle lune en passant par le dernier quartier.

La respiration quotidienne

S'il vous est arrivé de faire du camping sauvage en forêt, vous avez été immanquablement éveillé par un merveilleux déchaînement de chants d'oiseaux une heure ou deux avant le lever du soleil. L'air se refroidit, l'humidité s'accroît, les plantes aussi s'éveillent, s'ouvrent à la rosée du matin. La sève gonfle les végétaux.

Dans la matinée, quand toute l'humidité de surface a disparu, le moment est venu de faire vos semis, de cueillir les salades, les épinards, les cornichons, tout ce qui se récolte au-dessus du sol. Puis, entre 12 h et 15 h, un silence se fait. La terre s'intériorise à nouveau, les forces descendent vers les racines. Vient le moment de planter, de repiquer, de récolter les légumes-racines et enfin d'arroser quand le soleil est couché. Les plantes s'endorment. Respectons leur sommeil.

La Lune et la tradition

La Lune, cet astre quotidiennement changeant, a toujours intrigué les humains qui ont cherché à établir des correspondances entre ses phases et la météorologie, la santé, les naissances, les animaux, les plantes, etc. Si vous êtes amateur de cueillette de champignons et si les conditions sont favorables à la récolte (saison, humidité), inutile d'en chercher à la nouvelle lune. Ils sont alors en gestation et commencent à apparaître vers le cinquième jour pour être tendres, charnus, magnifiques à la pleine lune ou un peu avant. Ils poussent ensuite plus lentement et se dessèchent peu à peu.

LES CONSTELLATIONS DU ZODIAQUE

Dès les temps préhistoriques, l'homme a étudié les étoiles. Les premiers témoignages nous viennent des bergers chaldéens qui savaient lire dans le ciel l'heure de la nuit, la direction à prendre et la saison, résultat de méditations de nombreuses générations.

Les douze constellations

Une certaine zone d'étoiles fixes les unes par rapport aux autres a toujours été par-

Les révolutions lunaires

Révolution anomalistique

27 jours, 13 heures, 18 minutes et 33 secondes séparent deux passages consécutifs de la Lune à son périgée ou à son apogée.

Révolution draconitique

Entre deux passages successifs de la Lune au même nœud, il s'écoule 27 jours, 5 heures, 5 minutes et 36 secondes.

Révolution synodique

Dès le IIIe siècle avant notre ère, les Babyloniens calculèrent avec précision la durée moyenne entre deux phases lunaires semblables. Ils obtinrent une durée de 29 jours, 12 heures et 44 minutes et déterminèrent ainsi la lunaison, ou mois synodique, avec une erreur de 0,000053 jour !

ticulièrement intéressante. Le Soleil, la Lune, les planètes la parcourent éternellement. En reliant certaines de ces étoiles par des lignes imaginaires, l'homme de Mésopotamie et d'Égypte a composé douze animaux plus ou moins étranges, d'où le nom de **zodiaque** (du grec *zôon* : animal, être vivant). Parmi les milliards d'étoiles qui nous entourent, vous reconnaîtrez toujours ces constellations privilégiées sur le chemin parcouru par la Lune. Elles occupent une large bande de 18° autour de la Terre selon une trajectoire appelée écliptique ou ligne des éclipses. Chaque étoile, semblable à notre Soleil, parfois beaucoup plus importante (Aldébaran, l'étoile la plus brillante du Taureau, a un diamètre 36 fois supérieur à celui du Soleil), nous envoie ses rayons lointains et nous bénéficions d'influences spécifiques selon la constellation et la région du ciel. Voyons quelles peuvent être ces influences.

La précession des équinoxes

Entre le 20 et le 22 mars, selon les années, le Soleil franchit l'équateur céleste au point vernal (début du printemps et degré zéro du premier signe du zodiaque, le Bélier). Ce point très précis ne reste pas immobile par rapport aux constellations. Il recule tous les ans de 50 secondes d'arc sur l'écliptique, soit 1° en 72 ans ou un signe de 30° en 2 160 ans. Il est actuellement au tout début de la constellation des Poissons.

Les quatre éléments

De même que la plante est composée de quatre parties – la racine, la feuille, la fleur et le fruit –, les douze régions zodiacales sont chacune en affinité avec l'un des quatre éléments fondamentaux de l'univers – la terre, l'eau, l'air et le feu –, formant ainsi quatre groupes d'impulsions de même nature régulièrement distribuées tout autour de la Terre. Ces impulsions agissent de façon spécifique sur une partie déterminée de la plante.

Au fur et à mesure de son passage devant chaque constellation, la Lune fait jouer ces différentes forces, les capte, les imprègne des siennes propres et les réfléchit sur la Terre comme elle réfléchit la lumière du Soleil. En travaillant le sol, vous le rendez réceptif et l'ouvrez à l'influence du moment accordée à telle ou telle partie de la plante.

L'élément terre

En affinité avec les constellations du **Taureau**, de la **Vierge**, du **Capricorne**, l'élément *terre* agit sur la partie enterrée de la plante : la racine. Enrichissez et préparez votre sol, réalisez les semis, les éclaircissages, les repiquages, les plantations, les binages se rapportant aux légumes-racines quand la Lune passe devant ces constellations de terre. Elles ont une influence sur l'ail, les carottes, les navets, les oignons, les pommes de terre, les radis. Tous ces légumes seront plus résistants aux parasites, de bonne qualité nutritive, gustative et d'un rendement satisfaisant.

LES CONSTELLATIONS DU ZODIAQUE

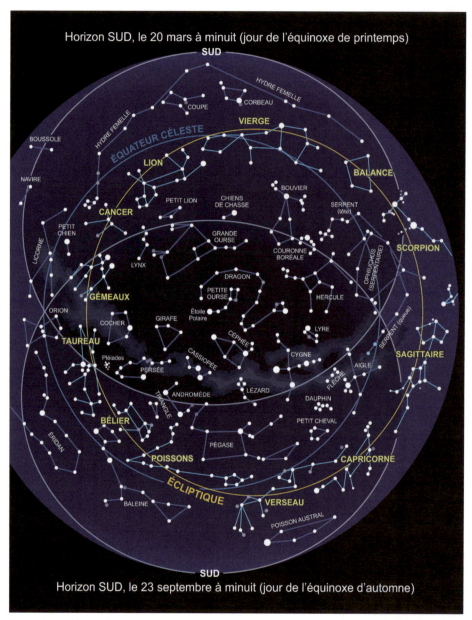

La partie cerclée supérieure représente le ciel le 20 mars à minuit, jour de l'équinoxe de printemps, et la partie inférieure celui du 23 septembre à minuit, jour de l'équinoxe d'automne. Parmi toutes les constellations, suivez celles du zodiaque le long de l'écliptique, chemin éternellement parcouru chaque année par le Soleil et tous les mois par la Lune.

La Lune et le jardin

L'élément eau

Animé par le **Cancer**, le **Scorpion** et les **Poissons**, l'élément *eau* joue particulièrement dans les parties les plus aqueuses de la plante : la tige et la feuille.

Vous profiterez des moments de passage de la Lune devant ces constellations d'eau pour soigner vos laitues, épinards, asperges, etc. Vous obtiendrez ainsi de belles et tendres feuilles de salade bien croquantes ou des tiges d'asperges raffinées et goûteuses.

L'élément air

En affinité avec les **Gémeaux**, la **Balance** et le **Verseau**, l'élément *air* s'exprime dans les parfums des fleurs, leur éphémère beauté, leur légèreté. Faites appel à ces constellations pour soigner les fleurs, les artichauts, les choux-fleurs ou les brocolis.

L'élément feu

En accord avec le **Bélier**, le **Lion** et le **Sagittaire**, l'élément *feu* apporte à la plante la chaleur nécessaire à la maturité du fruit, de la graine pour une éventuelle reproduction : abricot, pomme, pois, tomate, haricot.

Cependant, l'observation du ciel vous fera comprendre que certaines constellations sont isolées : les Gémeaux, le Cancer. D'autres se chevauchent presque : le Taureau, le Bélier.

Attention ! Dans le calendrier, les horaires de passage entre la Lune montante et descendante, ou inversement, et les changements de constellations sont donnés de manière très précise, à la minute près. Lorsque vous jardinez, ne vous précipitez pas dès que l'heure est bonne. Au contraire, prévoyez large, pensez tout d'abord que ces horaires sont donnés pour le méridien de Greenwich, qu'il faut donc les corriger, même en France (voir p. 37). Enfin, prenez plaisir à jardiner, encore plus avec la Lune, alors reposez-vous de temps en temps !

Des durées variables

Les constellations du zodiaque couvrent des surfaces différentes (voir p.18), ce qui donne des périodes inégales pour jardiner. Ainsi, vous disposerez toujours de plus de temps pour vous occuper des légumes-racines que des fleurs.

Les constellations de terre occupent :
Capricorne 28° + Taureau 36° + Vierge 46° = 110° ;
les constellations d'eau : Poissons 38° + Cancer 21° + Scorpion 31° = 90° ;
les constellations de feu : Sagittaire 30° + Bélier 24° + Lion 35° = 89° ;
et les constellations d'air : Verseau 25° + Gémeaux 28° + Balance 18° = 71°.

En cas d'infidélité à la Lune

Il n'est pas toujours possible de suivre la Lune en permanence, il peut faire froid, pleuvoir ou votre emploi du temps est trop chargé. Il est alors parfois nécessaire de rattraper le temps en jardinant à des périodes non favorables. Vous pouvez atténuer ces inconvénients en réalisant toutes les autres opérations concernant les plantes en question jusqu'à leur récolte, en périodes lunaires favorables. Essayez surtout de suivre la Lune pour les travaux les plus importants, comme le travail et l'enrichissement du sol, les semis, les plantations, la multiplication des végétaux.

POSITION ACTUELLE DES CONSTELLATIONS DU ZODIAQUE DANS LE CIEL
et signes correspondants de l'astrologie occidentale

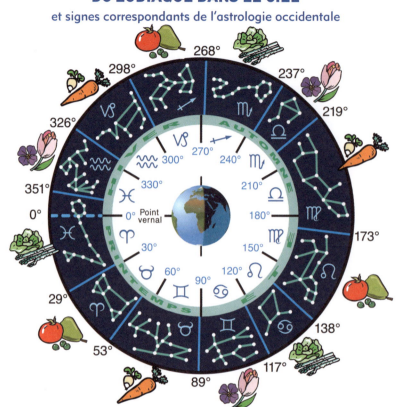

Le cercle intérieur donne les 12 signes du zodiaque, utilisés par les horoscopes. Leur durée est constante, soit 30° pour chacun et ne tient pas compte de leur superficie réelle dans le ciel. Le cercle extérieur figure ces mêmes constellations telles qu'elles peuvent être observées. Leur superficie différente détermine des degrés et des durées variables. Par exemple : la plus petite constellation, celle de la Balance (♎), couvre 237° - 219° = 18°, et non 30° comme tous les signes astrologiques.
Pour jardiner, il est impératif de prendre en compte la durée réelle de chaque constellation, comme le fait notre calendrier.

LÉGENDES

♈ Bélier	♌ Lion	♐ Sagittaire
♉ Taureau	♍ Vierge	♑ Capricorne
♊ Gémeaux	♎ Balance	♒ Verseau
♋ Cancer	♏ Scorpion	♓ Poissons

EXPLICATION DES SYMBOLES

FEUILLES Constellations d'eau **FLEURS** Constellations d'air **RACINES** Constellations de terre **GRAINES ET FRUITS** Constellations de feu

LES PERTURBATIONS LUNAIRES

À certains moments, la Lune est aussi défavorable. Il faut alors patienter. Ne jardinez pas 5 h avant et 5 h après un nœud lunaire, l'apogée ou le périgée. Attendez encore plus en cas d'éclipse.

Périgée et apogée

La Lune décrit une orbite elliptique dont la Terre occupe un des foyers. À chaque lunaison, elle passe au **périgée**, point du parcours où sa distance est minimale (356 500 km) et sa vitesse la plus grande (15° par jour). Inversement, à l'**apogée**, elle passe au point le plus éloigné (406 700 km) où son rythme est le plus lent (12° par jour). Au périgée, son attraction trop importante donne des plantules étiolées, peu robustes. À l'apogée, elles sont rabougries, tassées, sensibles aux maladies.

De plus, quand la pleine lune ou la nouvelle lune ont lieu au périgée, il y a souvent danger de perturbations au moment de la grande marée, particulièrement à l'équinoxe ou au solstice. Ce fut le cas lors de la tempête des 26, 27, 28 décembre 1999. Autre exemple : le tsunami du 26 décembre 2004 a eu lieu le jour de la pleine lune du solstice d'hiver et l'apogée de la Lune était le lendemain, le 27 décembre.

Vous trouverez les coefficients de la marée à Brest de la page 94 à la page 105. Vous saurez vous méfier de ces dates : Soleil à l'équinoxe ou au solstice + pleine lune ou nouvelle lune au périgée + coefficient de marée très élevé.

Les nœuds lunaires

Le plan de l'orbite lunaire fait un angle de 5,8° avec le plan de l'écliptique sur lequel se déplace le soleil apparent. La Lune coupe donc ce plan chaque mois en deux points appelés nœuds lunaires, ascendant et descendant. Quand la pleine lune ou la nouvelle lune a lieu au nœud, il y a éclipse de Lune ou de Soleil. Ce sont des moments de perturbation auxquels les végétaux sont particulièrement sensibles. Des semis faits durant ces moments donnent des graines stériles. Vous constaterez que le ciel est souvent blanc, « mou ». Ne jardinez pas 5 h avant et 5 h après. Reposez-vous.

La lune rousse

Si l'influence de la Lune est discutée, celle de la lune rousse, en revanche, a toujours fait l'unanimité. Les textes les plus anciens en témoignent et chacun continue à y prendre garde.

On appelle « lune rousse » la lunaison qui commence en avril et dont la pleine lune a lieu fin avril ou début mai.

Cette année, la lune rousse débute le **10 avril** et se termine le **9 mai.**

En cette période de l'année, le soleil déjà haut reste de plus en plus avec nous (+1 h 30 en avril et +1 h 22 en mai). Quand le ciel est dégagé, le thermomètre indique 19, 20, 24°C dans la journée : les petites pousses, les fruits en formation se gorgent de chaleur. Mais la terre met très longtemps à se réchauffer. Quand le soleil se couche, le froid se rétablit : la terre n'a pas encore de chaleur à restituer. Progressivement une rosée froide recouvre les végétaux. Elle peut devenir glaciale au lever du jour. Le thermomètre indique alors 4 à 0 °C, voire −5 °C. Les jeunes espoirs de récolte sont détruits. Les petites pousses prennent une apparence de roussi. Les embryons de fruits deviennent noirs à l'intérieur de l'ovaire. Ne rangez pas vos protections avant la fin de la lune rousse. Elles peuvent toujours être utiles la nuit.

Les éclipses

Si la nouvelle lune a lieu au voisinage d'un nœud (voir p. 19), il y a éclipse de Soleil. Si la pleine lune se produit à un nœud, il y a éclipse de Lune. Les plantes ressentent intensément ces phénomènes. Laissez-les se reposer. Ne jardinez pas ces jours-là (voir p. 39).

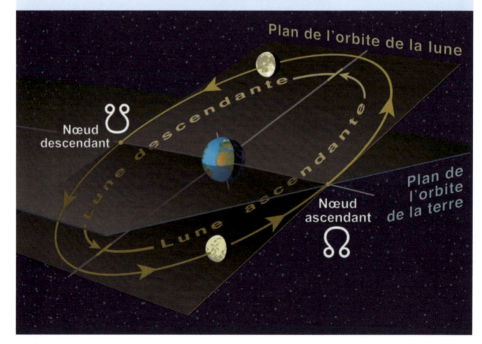

LES NŒUDS LUNAIRES

LA LUNE ET LES VÉGÉTAUX

La position de la Lune devant chaque constellation influence plus particulièrement chaque type de plante. Les légumes sont classés en racines, feuilles, fleurs ou fruits selon la partie que nous consommons. Prenons quelques exemples. La betterave, l'oignon, la pomme de terre sont bien évidemment des racines.

Les salades, le cardon, le chou pommé ou de Bruxelles sont des feuilles. L'artichaut, le brocoli sont des fleurs. Les tomates, les aubergines, les pois sont des fruits, tout comme les céréales et les arbres fruitiers. Pour les plantes d'ornement, les conifères sont des feuilles, les arbustes à fleurs, des fleurs.

RACINE, FEUILLE, FLEUR OU FRUIT ?

Voici une liste non exhaustive des légumes, plantes ornementales ou fruitières que vous adapterez en fonction de celles que vous cultivez.

RACINES	FEUILLES	FLEURS	GRAINES ET FRUITS
Ail	Arbustes d'ornement	Artichaut	Arbres fruitiers
Betterave	Aromatiques	Brocoli	Aubergine
Carotte	Asperge	Chou-fleur	Concombre
Céleri-rave	Cardon	**Arbustes à fleurs**	Cornichon
Cerfeuil tubéreux	Céleri à côtes	– forsythia	Courge
Crosne	Chicorée	– glycine	Courgette
Échalote	Chou de Bruxelles	– lilas	Fève
Endive	Chou pommé	– magnolia	Fraisier
Navet	Cresson	– rosier	Haricot
Oignon	Endive	**Toutes les fleurs**	Lentille
Panais	Épinard	– annuelles	Melon
Poireau	Fenouil doux	– bisannuelles	Pastèque
Pomme de terre	Gazon	– bulbes	Pâtisson
Radis	Laitue	– vivaces	Petit fruit
Raifort	Mâche		Piment
Rutabaga	Oseille		Pois
Salsifis	Pissenlit		Poivron
Scorsonère	Poirée		Tomate
Topinambour	Pourpier		
	Rhubarbe		**Céréales**
	Romaine		Avoine
	Roquette		Blé
	Tétragone		Maïs
			Orge
			Seigle

Remarque : la culture de l'endive, appelée aussi chicon ou chicorée Witloof, se fait en deux temps. Le semis a pour but d'obtenir de belles racines, semez donc les graines en Lune montante, à une date-racines. Arrachez-les également un jour-racines, laissez-les ressuyer quelques jours sur le sol. Le forçage a pour but d'obtenir de belles feuilles, à cuire ou pour les salades. Vous replanterez donc maintenant les racines et récolterez les chicons en dates-feuilles.

LES TRAVAUX DE JARDINAGE SELON LA POSITION DE LA LUNE

Mouvement de la Lune	Constellation Nature Étendue	Type de végétaux concernés	Travaux à exécuter
Montante	Scorpion ♏ Eau		
Montante	Sagittaire ♐ Feu - 30°	Graines et fruits	**En lune montante :** • semez ; • récoltez les feuilles (épinards, laitues), les fleurs (artichauts), les fruits (tomates, petits pois, pommes) ; • prélevez les greffons et greffez.
Montante	Capricorne ♑ Terre - 28°	Racines	
Montante	Verseau ♒ Air - 25°	Fleurs	
Montante	Poissons ♓ Eau - 38°	Feuilles	
Montante	Bélier ♈ Feu - 24°	Graines et fruits	
Montante	Taureau ♉ Terre - 36°	Racines	

La Lune et le jardin

Pour profiter des bienfaits de la Lune, vous devez associer une période montante ou descendante selon les travaux à effectuer à une constellation correspondant à la plante. Ainsi, semez vos salades en Lune montante quand la Lune est en Poissons. Plantez un forsythia en Lune descendante quand la Lune passe devant les Gémeaux ou la Balance.

Mouvement de la Lune	Constellation Nature Étendue	Type de végétaux concernés	Travaux à exécuter
Descendante	Taureau ♉ Terre	(carottes)	
Descendante	Gémeaux ♊ Air - 28°	Fleurs	**En lune descendante :**
Descendante	Cancer ♋ Eau - 21°	Feuilles	• bouturez ;
Descendante	Lion ♌ Feu - 35°	Graines et fruits	• enrichissez votre sol ;
Descendante	Vierge ♍ Terre - 46°	Racines	• éclaircissez les semis ; • repiquez ; • plantez ; • récoltez les légumes-racines (carottes, navets…) ;
Descendante	Balance ♎ Air - 18°	Fleurs	• taillez, pincez ;
Descendante	Scorpion ♏ Eau - 31°	Feuilles	• divisez ; • marcottez.

Depuis quelques années, la déclinaison de la Lune augmente. En 2013, la fin du Taureau se trouve en Lune descendante et la fin du Scorpion en Lune montante. En suivant notre calendrier, vos travaux de jardinage s'accordent avec le mouvement de la Lune dans le ciel.

LA PLANTE DANS SON ENVIRONNEMENT

Comment rendre la plante parfaitement sensible et réceptive aux influences de la voûte céleste ? En supprimant les obstacles artificiels que ces forces rencontrent, en veillant à la perméabilité de l'air et surtout en apportant au sol une nourriture facilement assimilable qui permette à la vie cosmique de le pénétrer pour rejaillir dans les feuilles, les fleurs et les parfums de nos jardins.

Rendre le sol réceptif

Pour bien se développer une plante a besoin d'air, de lumière, d'un sol dans lequel elle s'enracine et par lequel elle absorbe l'eau et les nutriments. Ces deux éléments sont d'autant mieux absorbés qu'ils sont présents dans le sol et dynamisés par la Lune. Le jardinier doit donc veiller à renouveler la fertilité du sol avec des engrais qui le respectent tout en agissant aux moments lunaires les plus favorables.

Les forces du cosmos

La plante, seul être vivant fixé au sol, dépend entièrement de son environnement. D'une part, elle élève sa tige vers le ciel captant ainsi la lumière et la chaleur du soleil. D'autre part, elle plonge ses racines dans la terre à la recherche de nourriture, de tout ce dont elle a besoin pour vivre, se structurer, croître, se reproduire : l'eau, les sels minéraux, les forces vivifiantes du cosmos. En effet, la plupart des rayons cosmiques, ceux de la Lune en particulier, n'agissent pas directement sur la plante. Ils sont recueillis par le sol selon son degré de réceptivité et le moment de la lunaison où vous le travaillez, avant d'être absorbés par les racines. D'un sol équilibré, aéré, réceptif dépendent santé et vigueur de nos végétaux. Le jardin est un lieu privilégié où chaque plante est cultivée selon sa nature, pour sa beauté et la qualité de la nourriture qu'elle apporte au jardinier.

L'air et la lumière

La lumière solaire est indispensable au bon développement des plantes, qui pour la plupart en sont extrêmement gourmandes ! Accordez un maximum de soleil à votre jardin, mais n'hésitez pas à planter une haie d'arbustes variés du côté du vent dominant. Elle filtrera l'air ambiant, sera une protection efficace contre les traitements chimiques appliqués aux cultures avoisinantes et abritera les oiseaux qui se nourrissent de pucerons, de chenilles et d'insectes indésirables.

Le sol

Sa composition est toujours particulière. Qu'il soit argileux, sableux, acide ou calcaire, vous devez l'ameublir régulièrement et améliorer sa fertilité en lui apportant des amendements adaptés, des fumures vivifiantes. **Surtout bannissez les engrais chimiques** : outre leurs méfaits dans votre alimentation, ils rendent le sol **imperméable** aux rayons du cosmos, à **l'influence du ciel**. Pour jardiner avec la Lune, il est essentiel de nourrir le sol exclusivement de compost, de fumier à bonne maturité, d'engrais naturels ou verts, de purins de plantes dynamisantes : ortie, consoude… Ne laissez pas votre sol dénudé entre deux cultures. Semez selon la saison trèfle, seigle, vesce, moutarde, etc., qui protégeront vos parcelles des intempéries et les enrichiront de matières organiques.

Améliorer et nourrir le sol

Un jardinier qui utilise les bienfaits de la Lune respecte également son sol et applique les grands principes du jardinage biologique. Il le travaille sans désorganiser le sens de la couche superficielle, l'enrichit avec des matières naturelles qui une fois décomposées seront assimilées par les végétaux sans les doper. Chaque année, il renouvelle sa fertilité dont une partie est utilisée pour produire légumes, fleurs et fruits.

Bien le travailler

Le sol est vivant, il contient des millions de micro-organismes invisibles à l'œil jusqu'aux plus gros « habitants » que sont les vers de terre. En surface se trouvent les micro-organismes aérobies qui ont besoin d'oxygène pour se développer et plus en profondeur les êtres vivants anaérobies. Lors d'un bêchage profond, à la bêche ou au motoculteur, la couche superficielle est inversée avec les micro-organismes qu'elle contient. Ne trouvant plus les conditions favorables à leur vie, ils meurent bien souvent. Or ces minuscules animaux ou bactéries sont les alliés du jardinier tout comme les vers de terre. Ils fragmentent les matières organiques les transformant en humus assimilable par les racines des plantes.

Il est donc indispensable d'adopter des méthodes de travail du sol plus douces en l'aérant sans le retourner. Pour cela, préférez la Grelinette, la Fourche à bêcher ou la Biobêche, des outils utilisés en jardinage biologique. Ils se composent de deux manches parallèles reliés en bas par une barre sur laquelle sont insérées de trois à cinq dents plus ou moins verticales. Il suffit de travailler le sol à reculons, en enfonçant les dents puis de baisser les manches pour effriter et aérer la terre. Recommencez un peu plus loin pour ameublir toute la surface, tout en arrachant les mauvaises herbes à mesure. Pour ameublir le sol en surface et désherber, utilisez vos outils habituels, houe, griffe, serfouette ou binette.

Faire son compost

Recyclez les déchets du jardin ou de la maison. Les déchets secs ou bruns se composent des coupes d'arbustes si possible broyées, des feuilles mortes, les déchets verts et humides proviennent des tontes de gazon, des mauvaises herbes, mais aussi des épluchures de légumes. Ne mettez pas les plantes montées à graines, malades, porteuses de parasites (œufs, larves, adultes) ou épineuses. Évitez systématiquement les coupes de rosiers, les feuilles des fruitiers et les fruits véreux. Entassez les déchets dans un coin du potager ou dans une compostière en alternant les matériaux secs et ceux gorgés d'eau par couches d'environ 20 cm d'épaisseur. Il est préférable que les déchets soient directement en contact avec le sol pour que les vers de terre déjà présents puissent monter dans le tas de compost. Pour accélérer le processus, introduisez des vers de pêche qui vont digérer vos déchets ou du compost déjà mûr qui en contient. Arrosez si besoin et mélangez les couches tous les mois pour accélérer la décomposition. Il est préférable de couvrir le tas pour conserver la chaleur et accélérer le processus de fermentation. Le compost est mûr après une dizaine de mois. Utilisez-le en fin d'hiver en l'incorporant superficiellement au sol du potager, entre les fleurs de vos massifs, dans les trous de plantation des légumes gourmands, des arbres fruitiers, des petits fruits ou lors de vos rempotages de plantes en pots.

Apporter des engrais naturels

De plus en plus présents dans les points de vente, les engrais naturels apportent les mêmes éléments, azote (N), phosphore (P) et potasse (K) que les engrais chimiques, mais avec des matières naturelles. L'azote provient de farine de plumes, de corne, de tourteau de ricin, le phosphore d'arêtes de poisson, de phosphate naturel et la potasse de vinasse de betterave. Ils se décomposent lentement et sont assimilés progressivement. **Les engrais naturels nourrissent le sol en renouvelant sa fertilité puis les plantes en douceur sans provoquer de brûlures.** En revanche, il faut les apporter longtemps à l'avance, soit en automne, soit en fin d'hiver, lors de la préparation du sol. Respectez les dosages précisés sur les emballages. En cours de culture, apportez des engrais plus spécifiques pour les légumes gourmands. Évitez le sang séché et le guano qui ont une action beaucoup plus rapide proche des engrais chimiques « coup de fouet ». Lors de pluies, ils peuvent être lessivés en profondeur avant d'être absorbés par les racines.

Cultiver des engrais verts

Ces plantes sont semées pour améliorer la structure du sol, l'enrichir en matières organiques, le couvrir pour éviter qu'il se tasse sous l'effet des pluies, lutter contre certains parasites ou les mauvaises herbes. Choisissez-les selon la durée de leur culture, leur utilité et la nature de votre sol. Les engrais verts s'intègrent entre la récolte d'un légume et le semis ou la plantation d'un autre au même emplacement s'il y a un écart important, par exemple entre des épinards de printemps et des navets d'automne. Utilisez-les également à partir de la fin de l'été et en automne sur les planches où vous ne cultiverez rien avant le printemps suivant, par exemple entre des tomates et des pois. Ils doivent alors résister au gel. Les engrais verts qui ne sont pas détruits par le gel doivent être coupés en fin de floraison pour qu'ils ne se ressèment pas. Broyez-les et enfouissez-les superficiellement. Ne semez pas un engrais vert de la même famille que celle du légume précédent ou suivant (voir tableau p. 28 sur la rotation des cultures). Voici les engrais verts les plus courants.

Les lupins doux se sèment entre mars et juillet (1 à 2 kg/100 m^2) et s'enfouissent deux mois plus tard. Le lupin blanc préfère un sol frais à lourd, le jaune un sol pauvre et sablonneux.

La moutarde blanche se sème entre mars et août (150 à 200 g/100 m^2), mais ne doit pas précéder ou suivre des choux, navets ou radis. Elle convient à un sol lourd, même calcaire. Sa croissance est rapide, elle lutte contre les nématodes et les mauvaises herbes, mais ne supporte pas le gel.

La phacélie se sème de mars à août (150 à 200 g/100 m^2) et s'enfouit deux mois plus tard. Elle lutte contre les nématodes et ses fleurs font le régal de nombreux butineurs. Elle appartient à une famille différente de tous les autres légumes et peut donc s'intercaler entre eux.

Le sarrasin se sème de mai à août (500 à 600 g/100 m^2), il est détruit par le gel. Utilisez-le en sol acide, même pauvre pour l'ameublir et étouffer les mauvaises herbes.

Le seigle se sème en septembre-octobre (2 kg/100 m^2), parfaitement rustique, il s'incorpore au sol au printemps. Il convient à une terre pauvre, plutôt acide, pour lutter contre les mauvaises herbes. Il peut aussi être associé à la vesce (500 g de seigle et 700 g de vesce pour 100 m^2) dont les vrilles s'accrocheront à ses tiges. Vous enrichirez alors le sol en azote.

Le trèfle blanc se sème d'avril à septembre (50 à 100 g/100 m^2) en sol lourd et frais. Enfouissez-le en automne ou au printemps. Vous pouvez aussi le semer dans les allées que vous tondez.

Pailler le sol
Une autre solution s'offre à vous pour ne pas laisser le sol nu entre les rangs de légumes : étalez-y un paillage. Vous conserverez la fraîcheur entre les pluies ou les arrosages, limiterez la pousse des mauvaises herbes qui s'arrachent bien plus facilement. Vous n'aurez plus besoin de biner ! Certains matériaux permettent aussi d'enrichir ou d'alléger la terre après incorporation. **Attendez que le sol se réchauffe au printemps, généralement courant mai.** Désherbez soigneusement et arrosez par temps sec. Étalez alors le paillage en couche d'environ 5 cm d'épaisseur. Utilisez des tontes de gazon, des paillettes de chanvre ou de lin, des coques de cacao ou de la paille de préférence broyée. Renouvelez la couche régulièrement, notamment pour le gazon qui dure peu, ou à chaque fin de printemps si vous enfouissez le paillage en automne.

Choisir les plantes et leur emplacement
Au fil des années, les anciens jardiniers ont compris que certaines plantes s'entraident et d'autres ne s'apprécient pas. Continuez d'appliquer leurs expériences en plaçant les végétaux par affinité. Vos plantes et légumes seront plus forts, plus résistants aux parasites et aux maladies. Vous traiterez moins voire très peu, il suffit de prendre un peu de temps pour établir chaque année la rotation et les associations. Peu à peu, vous y arriverez plus facilement et serez récompensés par les résultats obtenus. Certains légumes ont besoin d'être pollinisés, semez à côté d'eux des fleurs mellifères.

Attirer les insectes butineurs
Les abeilles (domestiques, solitaires, charpentières), les bourdons et les autres insectes pollinisateurs se font de plus en plus rares et pourtant ils sont si utiles. Semez ou plantez en bordure des allées du potager, entre les rangs de légumes ou sur une planche libre de la bourrache, des cosmos, des œillets d'Inde, de la phacélie ou des soucis. Préférez les variétés à fleurs simples davantage butinées. Prévoyez plus de pieds d'aromatiques que vos besoins et laissez fleurir de la ciboulette, du romarin, de la sarriette, du thym, très appréciés des insectes. En échange, ils visiteront les fleurs de vos légumes-graines et fruits placés à proximité, aubergine, concombre, courge, fraisier, haricot, melon, pois, tomate... Vos récoltes seront donc plus abondantes.

Stimuler la croissance
Sans que l'on sache vraiment comment, certaines plantes semblent favoriser la croissance de leurs voisines. C'est le cas de la bourrache, de la capucine, de l'œillet d'Inde, de la sauge et du tournesol. Ces fleurs sont également utiles pour attirer différents insectes butineurs ou repousser divers parasites. Alors ne vous en privez pas, au contraire, disséminez-les dans votre potager.

Faire tourner les cultures

On appelle rotation la succession des cultures sur une même parcelle du potager. Elle se prévoit selon la durée de culture des plantes et non systématiquement par année civile. Par exemple :

Cette année, divisez votre potager en quatre carrés de même surface. **Dans le carré 1**, semez des pois, des haricots, des fèves qui enrichissent le sol en azote. Après leur récolte, coupez les tiges pour que leurs racines se décomposent en terre. **Dans le carré 2**, mettez des légumes-feuilles, choux, laitues, épinards, etc. **Le carré 3** sera réservé aux racines, pommes de terre, betteraves, navets, etc. **Divisez le carré 4** en deux, n'enrichissez pas la moitié de la surface et cultivez-y les plantes peu exigeantes, les bulbes (ail, échalote, oignon) et certains légumes-feuilles (chou de Bruxelles, mâche) ; dans l'autre moitié, plantez ou semez les légumes gourmands, en apportant du compost, les légumes-fruits (aubergine, concombre, courgette, melon, tomate) et fleurs (brocoli, chou-fleur).

Les années suivantes, faites tourner les légumes dans les carrés. **L'année N + 1**, les légumes-feuilles remplaceront les Fabacées et profiteront de l'azote qu'elles ont laissé ; les légumes-racines succéderont aux feuilles et iront chercher les éléments nutritifs plus profondément ; le carré 3 sera divisé par moitié en légumes peu exigeants et exigeants ; les Fabacées seront cultivées dans le carré 4. **Les années N + 2 et N + 3**, continuez à décaler les cultures dans les carrés, toujours dans le même ordre. **L'année N + 4**, vous cultiverez les mêmes légumes dans les mêmes carrées que l'année N.

Cultivez les plantes qui restent plusieurs saisons en place (aromatiques vivaces, artichaut, asperge, fraisier, petits fruits, rhubarbe…) en bordure du potager, le long des allées, en les plaçant au nord ou à l'ouest, selon leurs besoins en soleil, pour qu'elles ne fassent pas trop d'ombre.

Voici aussi quelques règles à privilégier dans le choix de l'emplacement des cultures pour éviter au maximum les problèmes de carences et de nombreuses maladies :

Respectez le besoin des plantes par rapport à la richesse du sol, certaines sont gourmandes, d'autres moins exigeantes ou sobres ; à sa nature, acide ou au contraire calcaire. **Tenez compte** des voisinages favorables ou défavorables des végétaux (voir tableau p. 29). Enfin, **ne cultivez pas** deux années de suite au même emplacement des plantes de la même famille (voir tableau ci-dessous).

Famille	Aromatiques, céréales, légumes	Engrais verts
Apiacées	Carotte, céleri, cerfeuil, fenouil, panais, persil	
Astéracées	Artichaut, cardon, chicorée, estragon, laitue, salsifis	
Brassicacées	Choux, cresson, navet, radis, raifort, roquette	Colza, moutarde blanche, navette
Chénopodiacées	Betterave, épinard, poirée	
Cucurbitacées	Concombre, courge, melon, pastèque, potiron	
Fabacées	Fève, haricot, lentille, pois	Lupin, luzerne, sainfoin, trèfle, vesce
Hydrophyllacées		Phacélie
Lamiacées	Basilic, crosne, menthe, origan, romarin, sauge, thym	
Liliacées	Ail, asperge, ciboulette, échalote, oignon, poireau	
Poacées	Avoine, blé, maïs, orge, seigle	Avoine, seigle
Polygonacées	Oseille, rhubarbe	Sarrasin
Solanacées	Aubergine, piment, pomme de terre, tomate	

Associer les plantes potagères

Beaucoup de plantes ont une influence les unes sur les autres, certaines s'entraident, d'autres ne s'apprécient pas. S'il est bien connu que les poireaux éloignent la mouche des carottes et les carottes la teigne du poireau et que les laitues adoucissent les radis, découvrez d'autres associations ou plantes à séparer grâce au tableau ci-dessous. Complétez-le par vos propres expériences.

	Ail	Asperge	Aubergine	Betterave	Carotte	Céleri	Chou	Concombre	Courge, courgette	Échalote	Épinard	Fève	Fraisier	Haricot	Laitue	Melon	Navet	Oignon	Poireau	Pois	Poivron	Pomme de terre	Radis	Tomate
Ail		B		B	B					M	B	M		B				M	M			B		B
Asperge	B							B				B	B		B	B								B
Aubergine												B							B		B			
Betterave	B				M	B	B				B	B		B	B		B	M				M	B	M
Carotte	B			M		B	B		B	B	B			B	B			B	B	B		M		B
Céleri				B	B		B	B			B			B	M			B	B			M	B	
Chou				B	B	B		B		M	B	B	M	B	B			M	B			B	M	
Concombre		B				B	B					B		B	B	M		B		B		M		M
Courge, courgette												B		B	B	M		B				M	M	M
Échalote				B	B		M					M	B	M	B			M		B				B
Épinard				B	B		B					B	B	B	B	B	B		B	B			B	B
Fève	M			B	B	B	B	M	B					B	B	M	M	M				B	B	
Fraisier	B				M		B	B						B	B			B	B					B
Haricot	M	B	B	B	B	B	B	B	B	M	B	B			B	B	B	M	M	M		B	B	
Laitue	B	B		B	B	M	B	B	B	B	B	B		B		B	B	B	B				B	
Melon								M	M			B		B	B			B				M		
Navet												B		B	B			M		B				B
Oignon				B	B		M	B	B	B		M	B	M	B		M		B	M			B	M
Poireau	M	B			M	B				B		M	B	M				B		M				B
Pois	M	B			B	B	B	B		M	B			M	B	B	B	M	M			B	B	M
Poivron			B																			M	B	
Pomme de terre	B			M	M	M	B	M	M		B			B		M		M	B	M				M
Radis				B	B	B	B			M	B	B	B		B				B	B				B
Tomate	B	B			M	B	M	M	M		B	B	B					M	B	M		M	B	

B : bonne association - M : mauvaise association

Lutter contre les maladies et les parasites

Ne sortez pas votre pulvérisateur dès que des pucerons, des altises ou de l'oïdium apparaissent. Agissez en prévention, en favorisant le développement des insectes auxiliaires, en associant les plantes qui grâce à leurs parfums repoussent de nombreux parasites ou en utilisant des préparations végétales. Employez en dernier des traitements biologiques bien adaptés après avoir identifié le problème.

Favoriser les auxiliaires

Dans un premier temps, apprenez à reconnaître les insectes auxiliaires adultes, mais aussi leurs œufs et larves pour ne pas les éliminer en pensant avoir affaire à des ravageurs. Les chrysopes, les coccinelles et les syrphes sont vos alliés et dévorent de nombreux pucerons. Offrez-leur des fleurs à butiner, des abris naturels ou achetés dans le commerce pour les aider à passer l'hiver sans souffrir du froid, ils seront davantage aptes à intervenir dès les premières attaques printanières. Et surtout, traitez le moins possible. En cas d'attaque de pucerons et en l'absence des premières générations de prédateurs, coupez les parties des plantes les plus atteintes. Les insectes auxiliaires auront le temps de se développer avant les prochaines colonies de pucerons.

Préparer des extraits végétaux

Il s'agit de faire macérer certaines plantes non montées à graines dans de l'eau pendant un temps donné et de les pulvériser pour lutter contre des maladies ou des parasites. Utilisez toujours de l'eau de pluie et des récipients en plastique ou en bois, jamais en métal et de préférence fermés. La conservation de ces préparations étant limitée, préparez-les plusieurs fois au cours de la saison. Deux techniques sont possibles : le purin (ou macération) et la décoction.
Pour les purins placez les plantes dans de l'eau froide et attendez que les substances solubles se dissolvent. Les purins doivent être filtrés et généralement dilués avant utilisation. Procédez ainsi pour les fougères qui luttent contre les pucerons et les limaces, les orties contre les pucerons et les maladies, le sureau contre les altises, les pucerons, les thrips, les gourmands de tomates, en préventif contre les piérides et la teigne du poireau et en curatif contre les pucerons et les altises. **Pour les décoctions** laissez tremper les plantes pendant une journée, puis faites-les bouillir à feu doux pendant 20 min. Attendez qu'elles refroidissent et filtrez-les. La prêle est bonne contre les maladies, la tanaisie contre les pucerons, les altises, les noctuelles et les piérides.

Recettes

- **Purin d'ortie**
  Laissez macérer 1 kg d'orties fraîches et hachées dans 10 L d'eau de pluie pendant 4 à 5 jours. Filtrez et diluez à 20 % (2 L de purin pour 10 L d'eau) avant de pulvériser.

- **Purin de sureau**
  Coupez 1 kg de feuilles, fleurs, fruits ou jeunes tiges de sureau noir dans 10 L d'eau. Attendez 2 à 3 jours, filtrez et utilisez sans diluer.

- **Décoction de prêle**
  Mettez 200 g de feuilles fraîches coupées dans 10 L d'eau pendant une journée. Faites bouillir pendant 20 minutes, laissez reposer 24 h, filtrez avant de pulvériser la décoction sans la diluer.

Installer des plantes répulsives

Par l'odeur de leur feuillage, de nombreuses plantes repoussent les parasites ou quelques maladies. D'autres végétaux les attirent et évitent les attaques sur les légumes ou les plantes ornementales. Voici, pour une vingtaine de plantes alliées, les parasites ou maladies qu'elles combattent et leurs principales victimes.

Plantes utiles	Contre quoi ?	À installer près de...
Alliacées (ail, ciboulette, échalote, oignon)	cloque	pêcher
	mouches	carotte
Aneth	altises	chou, navet, radis
	pucerons	fève, haricot, laitue, tomate
Basilic	oïdium	concombre, courge
Bourrache	piérides	chou
Capucine	aleurodes	aubergine, chou, concombre, tomate
	mildiou	tomate
	pucerons	chou, concombre, courge, haricot, laitue, poivron, rosier, tomate
Ciboulette	doryphores	pomme de terre
	mouches	carotte
Coriandre	altises	betterave, chou, navet, radis
	doryphores	pomme de terre
	mouches	carotte
Cosmos	piérides	chou
Laitue	altises	chou, navet, radis
Lavande	pucerons	rosier
Menthe	altises	chou, navet, radis
	piérides	chou
Œillet d'Inde	aleurodes	aubergine, chou, concombre, tomate
	altises	chou, navet, radis
	nématodes	tomate
	piérides	chou
	pucerons	concombre, courge, épinard, haricot, poivron
Persil	mouches	carotte, oignon
	pucerons	melon, tomate
Raifort	doryphores	pomme de terre
	rouille	céleri
Romarin	altises	chou, navet, radis
	mouches	carotte, haricot
	piérides	chou
	pucerons	haricot, laitue
Sarriette	altises	chou, navet, radis
	mouches	haricot
	piérides	chou
	pucerons	fève, haricot, laitue
Sauge	altises	chou, navet, radis
	mouches	carotte
	piérides	chou
	pucerons	concombre, courge, laitue
Souci	aleurodes	aubergine, chou, concombre, tomate
	nématodes	tomate
	pucerons	courge, épinard, haricot, laitue, poivron
Tabac d'ornement	aleurodes	aubergine, chou, concombre, tomate
	thrips	glaïeul, pois
Thym	altises	chou, navet, radis
	limaces	courge, épinard, laitue, melon
	piérides	chou
Tomate	altises	chou, navet, radis

DESSINEZ VOTRE POTAGER

Reproduisez votre potager ci-dessous. S'il est grand, utilisez la double page. S'il est petit, dessinez à gauche le plan des cultures en mars-avril et, à droite, le plan des cultures en juin-juillet, après les récoltes de printemps.

Placez le nord. Dessinez les éléments fixes, murs, haies, allées, châssis, les plantes pérennes, petits fruits, aromatiques, asperges, artichauts… Si vous n'en possédez pas, prévoyez les emplacements à la périphérie du potager ou le long des allées, attention

Le calendrier

à l'ombre des plantes hautes. Divisez la surface qui reste en quatre parties de surface identique. Elles seront occupées par les quatre grandes catégories de légumes, racines, feuilles, fleurs, graines et fruits (voir page 28). Prévoyez la place de vos légumes en hiver, en respectant les règles de la rotation, les associations favorables ou non et en intégrant des fleurs. Dessinez les rangs sur votre plan, vous n'aurez plus qu'à semer ou planter votre potager le moment venu.

COMMENT UTILISER LE CALENDRIER

Les pages suivantes vous présentent un calendrier établi pour l'hémisphère boréal et le méridien 0° de Greenwich. Ce calendrier tient compte des influences principales du cosmos, décrites dans le chapitre « La Lune et le jardin » (pp. 8-33 ; voir également pp. 37-39). Chaque légume et chaque plante, choisis simplement en exemple, varieront selon vos goûts, vos besoins, le climat de votre jardin, sa latitude et son altitude.

Chaque jour, nous vous suggérons un exemple de geste à faire selon la saison, la position du Soleil, mais aussi celle de la Lune, montante ou descendante, devant telle ou telle constellation, favorable aux racines, aux feuilles, aux fleurs ou aux fruits. Il vous appartient de protéger vos cultures du froid ou du soleil selon le climat de votre jardin et le moment de l'année. Les exemples de semis ou de plantation s'accordent à un climat moyen. Tenez compte du vôtre en particulier, en avançant ou en retardant la période donnée. Ainsi s'il gèle, différez les travaux de plantation, de taille, de traitement.

Important
Il n'est pas toujours possible, pour de multiples raisons personnelles ou climatiques, de choisir le meilleur moment pour faire tel semis ou tel repiquage. Tenez compte en premier du mouvement de la Lune : **faites vos semis en lune montante,** **les plantations et pincements en lune descendante.** Sachez simplement que vous aurez toujours avantage à vous laisser ensuite guider par notre calendrier pour apporter tous vos soins à ces végétaux. Une page blanche chaque quinzaine vous permet de tenir votre journal quotidien. Notez tout ce que vous faites au jardin : quelle variété de carottes, de haricots vous semez, le jour de la levée des laitues, des pois, le début de la cueillette des tomates, des haricots et aussi la floraison des amandiers, du lilas, de l'aubépine, le chant du coucou, la première cigale, etc.

N'hésitez pas à noter également les fêtes et anniversaires à souhaiter. Telle personne aime telle fleur, telle plante ? Remontez le calendrier et décidez de semer ou de planter cette « fleur » au bon moment ou de faire une bouture de la plante souhaitée. Ce manuel va être votre mémoire. Il vous permettra de faire des progrès qui vous réjouiront. Plus vous prendrez de notes, plus vous aurez de plaisir à les consulter.

N'oubliez pas que les heures vous sont données en temps universel. Reportez-vous aux pages 37 à 39 pour calculer votre heure, en France et à l'étranger.

Les tableaux de cultures

Vous pouvez préférer planifier vos travaux de façon différente et dresser une liste des plantes que vous voulez cultiver en établissant votre calendrier personnel de jardinage selon la Lune.
Les tableaux de culture des plantes vous donnent le maximum de possibilités en vous laissant le choix des dates (voir pp. 106-117).

Le calendrier

CALCULEZ VOTRE HEURE

Toutes les heures du calendrier sont données en temps universel (T.U.), soit l'heure du méridien 0° de Greenwich. Calculez le décalage horaire entre votre lieu de résidence et le méridien de Greenwich, puis corrigez les heures du calendrier d'un bout à l'autre de l'année avant de retourner à votre jardin !

En France

En France, pour avoir l'heure officielle, celle du clocher, il convient depuis 1976 d'ajouter 1 h en hiver et 2 h en été du dernier dimanche de mars au dernier dimanche d'octobre.

Exemples sur notre calendrier :
- le jeudi 7 février 2013 à 14 h 30 T.U., il sera 15 h 30 au clocher ;
- le mercredi 24 juillet 2013 à 14 h 30 T.U., il sera 16 h 30 au clocher.

Mais apportez de la souplesse à vos calculs et tenez compte du temps qu'il fait, de votre envie de jardiner ou de vous reposer…

Le calendrier 2013

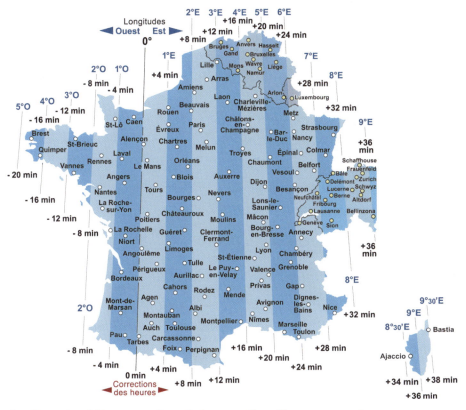

Localisez votre résidence sur cette carte. Les corrections d'heures pour vos travaux de jardinage sont indiquées en minutes, en plus ou en moins, sous chaque fuseau, degré par degré. Par exemple, si vous habitez Strasbourg, ajoutez 32 min.

Hors de France

Sur le planisphère ci-dessous, la Terre est partagée d'ouest en est en 36 fuseaux de 10° chacun qui vous permettent de localiser votre résidence avec une précision suffisante. Le Soleil balaie 1° de longitude en 4 min soit 30° (3 méridiens sur le planisphère) en 120 min (2 h).

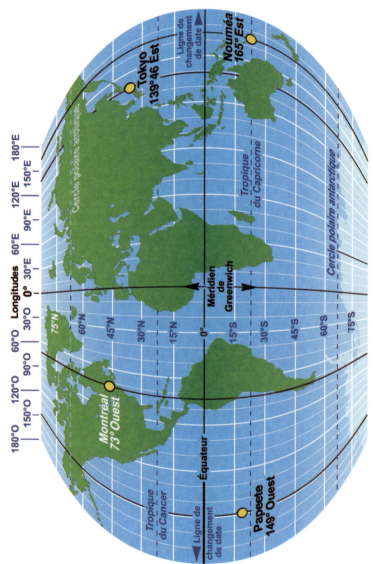

Le planisphère terrestre est découpé en 36 fuseaux de 10°. Si vous êtes hors de France, localisez votre résidence qui est à tant de degrés de longitude Est ou Ouest par rapport au méridien de Greenwich, et dans l'hémisphère Nord ou Sud par rapport à l'équateur, puis reportez-vous aux exemples donnés page 39.

Le calendrier

Deux exemples pour bien comprendre

Dans l'hémisphère Nord

La ville de **Montréal** est à 73° de longitude Ouest environ. Le décalage horaire par rapport à Greenwich et à notre calendrier est de 4 min x 73 = 292 min, soit 4 h 52 min. Arrondissons à 5 h.
Le 4 juin 2013, la Lune sera devant la constellation des Poissons jusqu'à 14 h 52 – 5 h = 9 h 52. Elle arrivera alors devant la constellation du Bélier. Vous devrez donc terminer vos semis de salades le 4 avant 9 h 52 et programmerez vos semis de concombres, courgettes et cornichons après 9 h 52.

Dans l'hémisphère Sud

La ville de **Nouméa**, en Nouvelle-Calédonie, est à 165° de longitude Est. Le décalage horaire est donc de 4 min x 165 = 11 h.
Le 4 juin, la Lune se trouvera devant la constellation des Poissons jusqu'à 14 h 52 + 11 h = 1 h 52, le lendemain. Les saisons étant inversées dans l'hémisphère Sud, vous inverserez aussi vos travaux. Au lieu de semer des salades, vous les planterez toute la journée du 4 et installerez vos légumes-fruits le 5 après 1 h 52, la Lune étant alors devant la constellation du Bélier en Nouvelle-Calédonie.

Les éclipses en 2013

25 avril
Éclipse partielle de Lune de 18 h 03 à 22 h 11, visible en Amérique du Sud, en Afrique de l'Ouest, en Europe, en Asie et en Australie.

Maximum de l'éclipse à 20 h 07.

9 et 10 mai
Éclipse annulaire de Soleil invisible en France.

Maximum de l'éclipse le 10 à 0 h 25.

25 mai
Éclipse de Lune par la pénombre de 3 h 53 à 4 h 27, visible en Amérique du Nord, en Europe et en Afrique.

Maximum de l'éclipse à 4 h 10.

25 mai
Éclipse de Lune par la pénombre de 3 h 53 à 4 h 27, visible en Amérique du Nord, en Europe et en Afrique.

Maximum de l'éclipse à 4 h 10.

18 et 19 octobre
Éclipse de Lune par la pénombre de 21 h 50 à 1 h 49, visible en Amérique du Nord et du Sud, en Asie.

Maximum de l'éclipse le 18 à 23 h 50.

3 novembre
Éclipse totale de Soleil, invisible en France.

Maximum de l'éclipse à 12 h 46.

Les heures sont données en temps universel.

Le calendrier 2013

Janvier 2013

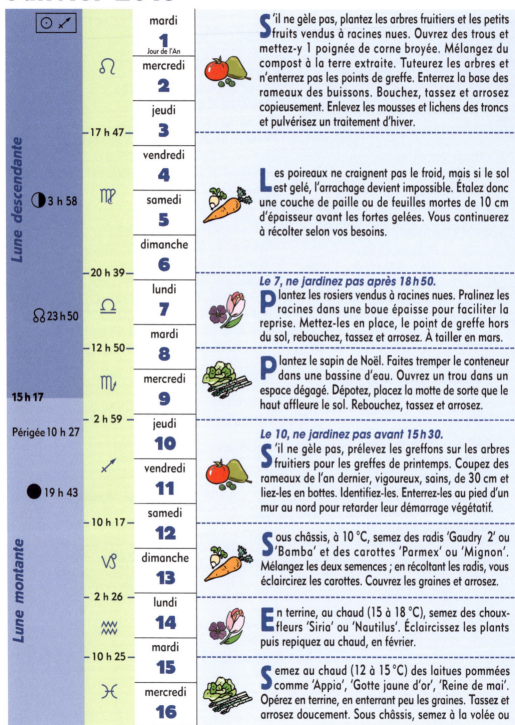

☉ ♐		mardi **1** Jour de l'An
	♌	mercredi **2**
— 17 h 47 —		jeudi **3**
◐ 3 h 58	♍	vendredi **4**
		samedi **5**
— 20 h 39 —		dimanche **6**
☋ 23 h 50	♎	lundi **7**
— 12 h 50 —		mardi **8**
15 h 17	♏	mercredi **9**
— 2 h 59 —		jeudi **10**
Périgée 10 h 27	♐	vendredi **11**
● 19 h 43		
— 10 h 17 —		samedi **12**
	♑	dimanche **13**
— 2 h 26 —		lundi **14**
	♒	
— 10 h 25 —		mardi **15**
	♓	mercredi **16**

Lune descendante / **Lune montante**

S'il ne gèle pas, plantez les arbres fruitiers et les petits fruits vendus à racines nues. Ouvrez des trous et mettez-y 1 poignée de corne broyée. Mélangez du compost à la terre extraite. Tuteurez les arbres et n'enterrez pas les points de greffe. Enterrez la base des rameaux des buissons. Bouchez, tassez et arrosez copieusement. Enlevez les mousses et lichens des troncs et pulvérisez un traitement d'hiver.

Les poireaux ne craignent pas le froid, mais si le sol est gelé, l'arrachage devient impossible. Étalez donc une couche de paille ou de feuilles mortes de 10 cm d'épaisseur avant les fortes gelées. Vous continuerez à récolter selon vos besoins.

Le 7, ne jardinez pas après 18 h 50.
Plantez les rosiers vendus à racines nues. Pralinez les racines dans une boue épaisse pour faciliter la reprise. Mettez-les en place, le point de greffe hors du sol, rebouchez, tassez et arrosez. À tailler en mars.

Plantez le sapin de Noël. Faites tremper le conteneur dans une bassine d'eau. Ouvrez un trou dans un espace dégagé. Dépotez, placez la motte de sorte que le haut affleure le sol. Rebouchez, tassez et arrosez.

Le 10, ne jardinez pas avant 15 h 30.
S'il ne gèle pas, prélevez les greffons sur les arbres fruitiers pour les greffes de printemps. Coupez des rameaux de l'an dernier, vigoureux, sains, de 30 cm et liez-les en bottes. Identifiez-les. Enterrez-les au pied d'un mur au nord pour retarder leur démarrage végétatif.

Sous châssis, à 10 °C, semez des radis 'Gaudry 2' ou 'Bamba' et des carottes 'Parmex' ou 'Mignon'. Mélangez les deux semences ; en récoltant les radis, vous éclaircirez les carottes. Couvrez les graines et arrosez.

En terrine, au chaud (15 à 18 °C), semez des choux-fleurs 'Siria' ou 'Nautilus'. Éclaircissez les plants puis repiquez au chaud, en février.

Semez au chaud (12 à 15 °C) des laitues pommées comme 'Appia', 'Gotte jaune d'or', 'Reine de mai'. Opérez en terrine, en enterrant peu les graines. Tassez et arrosez doucement. Sous châssis, semez à la volée ou

Les nœuds lunaires ascendants ou descendants et les périodes de lunes montantes ou descendantes correspondent à des notions différentes. Ainsi peut-on avoir un nœud descendant en période de lune montante et inversement.

Le calendrier

Vos observations personnelles

Janvier 2013

Janvier 2013

Lune montante

◐ 23 h 45
☉ ♑

⊙ 1 h 18

Apogée 10 h 51

5 h 12

Lune descendante

☺ 4 h 38

	♓	mercredi **16**
		jeudi **17**
— 0 h 58 —		vendredi **18**
	♈	samedi **19**
		dimanche **20**
— 1 h 03 —		lundi **21**
	♉	mardi **22**
		mercredi **23**
— 13 h 01 —		jeudi **24**
	♊	vendredi **25**
— 10 h 21 —		samedi **26**
	♋	dimanche **27**
— 4 h 17 —		lundi **28**
	♌	mardi **29**
		mercredi **30**
— 23 h 04 —	♍	jeudi **31**

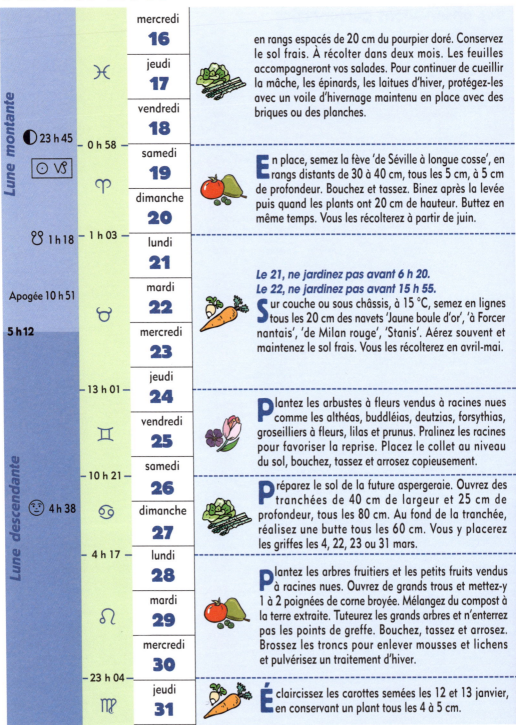

en rangs espacés de 20 cm du pourpier doré. Conservez le sol frais. À récolter dans deux mois. Les feuilles accompagneront vos salades. Pour continuer de cueillir la mâche, les épinards, les laitues d'hiver, protégez-les avec un voile d'hivernage maintenu en place avec des briques ou des planches.

En place, semez la fève 'de Séville à longue cosse', en rangs distants de 30 à 40 cm, tous les 5 cm, à 5 cm de profondeur. Bouchez et tassez. Binez après la levée puis quand les plants ont 20 cm de hauteur. Buttez en même temps. Vous les récolterez à partir de juin.

Le 21, ne jardinez pas avant 6 h 20.
Le 22, ne jardinez pas avant 15 h 55.

Sur couche ou sous châssis, à 15 °C, semez en lignes tous les 20 cm des navets 'Jaune boule d'or', 'à Forcer nantais', 'de Milan rouge', 'Stanis'. Aérez souvent et maintenez le sol frais. Vous les récolterez en avril-mai.

Plantez les arbustes à fleurs vendus à racines nues comme les althéas, buddléias, deutzias, forsythias, groseilliers à fleurs, lilas et prunus. Pralinez les racines pour favoriser la reprise. Placez le collet au niveau du sol, bouchez, tassez et arrosez copieusement.

Préparez le sol de la future aspergeraie. Ouvrez des tranchées de 40 cm de largeur et 25 cm de profondeur, tous les 80 cm. Au fond de la tranchée, réalisez une butte tous les 60 cm. Vous y placerez les griffes les 4, 22, 23 ou 31 mars.

Plantez les arbres fruitiers et les petits fruits vendus à racines nues. Ouvrez de grands trous et mettez-y 1 à 2 poignées de corne broyée. Mélangez du compost à la terre extraite. Tuteurez les grands arbres et n'enterrez pas les points de greffe. Bouchez, tassez et arrosez. Brossez les troncs pour enlever mousses et lichens et pulvérisez un traitement d'hiver.

Éclaircissez les carottes semées les 12 et 13 janvier, en conservant un plant tous les 4 à 5 cm.

Le calendrier

Les nœuds lunaires ascendants ou descendants et les périodes de lunes montantes ou descendantes correspondent à des notions différentes. Ainsi peut-on avoir un nœud descendant en période de lune montante et inversement.

Vos observations personnelles

Janvier 2013

Février 2013

Lune descendante

♍

– 2 h 43 –
◐ 13 h 56
☊ 2 h 14
♎
– 20 h 12 –

♏
0 h 24
– 11 h 48 –

Périgée 12 h 14
♐

– 20 h 34 –

♑
● 7 h 20
– 13 h 24 –
♒
– 20 h 34 –

Lune montante

♓

– 9 h 18 –

♈
☉ ♒

vendredi	**1**
samedi	**2**
dimanche	**3**
lundi	**4**
mardi	**5**
mercredi	**6**
jeudi	**7**
vendredi	**8**
samedi	**9**
dimanche	**10**
lundi	**11**
mardi	**12**
mercredi	**13**
jeudi	**14**
vendredi	**15**
samedi	**16**

En régions douces et en sol léger, non fumé récemment, plantez l'ail blanc 'Messidrôme' ou 'Thermidrôme' et l'ail violet 'Germidour'. Séparez les caïeux, conservez ceux du tour des têtes. Ouvrez des sillons tous les 20 cm, placez les caïeux, tous les 10 à 12 cm. Enterrez à peine l'ail. N'arrosez pas. Installez les échalotes 'Jermor' et 'Longor'.

Le 4, ne jardinez pas avant 7 h 15.
Mettez en culture les bégonias et les cannas. Remplissez des caisses ou des pots de terreau et enterrez légèrement les racines. Placez à une température de 15 à 20 °C et arrosez de temps en temps.

S'il ne gèle pas, élaguez les grands arbres. Respectez leur silhouette. Mastiquez les grosses plaies. Coupez les rames de noisetier qui serviront de tuteur. Repiquez sous châssis les laitues semées du 15 au 18 janvier.

Le 7, ne jardinez pas avant 17 h 14.
En caissette, à 20 °C, tous les 2 à 3 cm, semez les aubergines 'de Barbentane', 'Baluroi', 'Violette longue', les piments et les poivrons 'Doux d'Espagne', 'Doux long des Landes', 'de Cayenne', 'Jalapeno', 'de Bresse'. Couvrez légèrement les graines. Tassez, arrosez et posez une vitre. Retournez-la tous les jours pour éliminer la condensation.

En pépinière bien abritée ou sous châssis, semez des poireaux 'Gros long d'été', 'Jaune gros du Poitou', 'Electra'. Opérez en lignes espacées de 15 cm ou à la volée en dispersant bien les graines. Vous les récolterez en juin-juillet.

En serre, à 20-22 °C, semez en caissette des bégonias semperflorens, des œillets Chabaud et des pélargoniums. Ne couvrez pas les graines des bégonias.

Semez au chaud des choux cabus 'Cœur de bœuf' et 'Tête de pierre'. Vous les repiquerez quand ils auront 2 ou 3 feuilles en pépinière bien exposée. À planter le 19 avril pour une récolte en juin-juillet. Sous châssis, semez des laitues 'Appia', 'Gotte jaune d'or' et 'Reine de mai'. Dispersez bien les graines et enterrez-les peu.

En toutes régions, semez les pois ronds 'Caractacus', 'Express à longue cosse', 'Nain très hâtif', 'Plein le panier', 'Petit provençal', 'Serpette amélioré' et les mangetout 'Bamby', 'Corne de bélier', 'Carouby de

Le calendrier

Les nœuds lunaires ascendants ou descendants et les périodes de lunes montantes ou descendantes correspondent à des notions différentes. Ainsi peut-on avoir un nœud descendant en période de lune montante et inversement.

Vos observations personnelles

Février 2013

Lune montante			
☉ ♒		samedi	
♈		**16**	
☽ 2 h 55			
☾ 20 h 30	8 h 46	dimanche **17**	
		lundi **18**	
Apogée 6 h 29	♉	mardi **19**	
13 h 34			
		mercredi **20**	
	20 h 49		
	♊	jeudi **21**	
	18 h 16	vendredi **22**	
	♋	samedi **23**	
	11 h 56	dimanche **24**	
Lune descendante		lundi **25**	
☺ 20 h 26	♌		
		mardi **26**	
	5 h 33	mercredi **27**	
	♍	jeudi **28**	

Maussane'. Binez en surface quelques jours après la germination.
Le 17, ne jardinez pas avant 8 h.

Le 19, ne jardinez pas avant 11 h 30.

Semez des oignons de couleur 'Jaune paille des vertus', 'de Brunswick' ou 'Rouge de Florence', en place, en rangs larges espacés de 30 à 40 cm, à 1 ou 2 cm de profondeur. Fermez le sillon, tassez et arrosez. Éclaircissez après la levée, en laissant un plant tous les 15-20 cm. Vous les récolterez de juillet à septembre.

Plantez les anémones de Caen et les renoncules. Divisez les perce-neige en vert. Bouturez les jeunes pousses des chrysanthèmes, fuchsias et pélargoniums. Repiquez au chaud les choux-fleurs semés les 14 et 15 janvier et les bégonias semés les 10-11 février.

Plantez une haie d'arbustes feuillus. Ouvrez des trous tous les 80 cm à 1 m, enrichissez la terre avec du compost. Pralinez les racines ou hydratez les mottes. Mettez en place, rebouchez, tassez et arrosez copieusement.

S'il ne gèle pas, taillez les fruitiers palissés, les cordons, les petites formes libres, à trois yeux pour favoriser la fructification. Intervenez sur les pommiers, poiriers, pêchers et abricotiers. Taillez aussi les buissons de petits fruits, les actinidias et la vigne. Faites des boutures avec les coupes des cassissiers et des groseilliers. Pulvérisez de la bouillie bordelaise.

En toutes régions, plantez les échalotes et l'ail rose 'Printanor', Flavor' ou 'Cledor', en sol ameubli et non fumé récemment. Espacez les sillons de 20 à 30 cm, les caïeux de 10 à 15 cm. Rebouchez en couvrant peu les caïeux.

Heure d'été et heure d'hiver
Les heures du calendrier sont données en temps universel (T.U.). Pour obtenir l'heure officielle, ajoutez 2 heures en été, du dimanche 31 mars 2013 au samedi 26 octobre 2013, et seulement 1 heure en hiver avant ou après ces dates.
Exemples : • Le 26 mars, la Lune se profile devant la constellation du Lion jusqu'à 14 h 09 T.U., soit 14 h 09 + 1 h = 15 h 09 au clocher. Elle arrive alors devant la constellation de la Vierge.
• Le 16 avril, la Lune se profile devant la constellation du Taureau jusqu'à 12 h 58 T.U., soit 12 h 58 + 2 h = 14 h 58 au clocher. Elle arrive alors devant la constellation des Gémeaux.

Les nœuds lunaires ascendants ou descendants et les périodes de lunes montantes ou descendantes correspondent à des notions différentes. Ainsi peut-on avoir un nœud descendant en période de lune montante et inversement.

Vos observations personnelles

Le calendrier

Février 2013

Mars 2013

Lune descendante

♍
8 2h29

) 21h53
6h39
Périgée 23h19

Lune montante

● 19h51
☉ ♓

8 6h13

	♍	**vendredi 1**
7h58		**samedi 2**
	♎	**dimanche 3**
1h35		**lundi 4**
	♏	**mardi 5**
17h57		**mercredi 6**
	♐	**jeudi 7**
4h25		**vendredi 8**
	♑	**samedi 9**
22h00		**dimanche 10**
	♒	**lundi 11**
5h51		**mardi 12**
	♓	**mercredi 13**
		jeudi 14
18h11		**vendredi 15**
	♈	**samedi 16**
17h05		

Éclaircissez les navets semés du 21 au 24 janvier. Arrachez les plants les plus faibles, conservez les plus beaux tous les 8 à 10 cm.

Le 3, ne jardinez pas avant 7 h 30.
Après les grands froids, enlevez les protections des artichauts. Apportez du compost. Laissez les deux plus beaux œilletons à chaque pied. Installez les autres ailleurs quand ils ont 20 cm de hauteur.

Le 5, ne jardinez pas après 18 h 15.
Posez un cordeau le long des bordures de buis et taillez-les à la cisaille. Repiquez sous châssis les laitues semées du 12 au 15 février.

En serre, en terrine, à 18-20 °C, semez des tomates 'Cœur de bœuf', 'Pyros', 'Super Marmande', 'Saint-Pierre'. Répartissez bien les graines, couvrez-les légèrement, tassez et arrosez en pluie fine. Renouvelez les semis d'aubergines, de piments et de poivrons, au chaud, en caissettes.

Semez les carottes 'Nanco', 'Touchon', 'Valor' et des radis de tous les mois, sous châssis ou sur une côtière bien exposée. Opérez sur rangs larges espacés de 20 à 30 cm. Mélangez les deux semences : en récoltant les radis vous éclaircissez les carottes.

En terrine, au chaud sans couvrir les graines, semez les impatiens ; en pépinière bien exposée, les choux-fleurs d'été 'Nautilus' et 'Siria', le brocoli 'Romanesco', à éclaircir dans un mois, tous les 10 cm.

Comme tous les mois, quand la Lune est en Poissons, semez en place ou en pépinière, des laitues pommées, romaines, batavias ou à couper. Semez en place les épinards de printemps 'Lagos', 'Junius'. Semez aussi les pissenlits, en place, en lignes distantes de 20 à 30 cm. Maintenez humide jusqu'à la levée.

Le 16, ne jardinez pas avant 11 h 15.
Semez au chaud, à 20-25 °C, en terrines placées sur une résistance chauffante, les concombres, cornichons et melons. Après la formation des cotylédons, repiquez en godets individuels. À planter en avril dans les régions douces, sous une protection.

Les nœuds lunaires ascendants ou descendants et les périodes de lunes montantes ou descendantes correspondent à des notions différentes. Ainsi peut-on avoir un nœud descendant en période de lune montante et inversement.

Vos observations personnelles

Le calendrier

Mars 2013

Mars 2013

Lune montante			
☽ 6 h 13	♈		samedi **16**
	— 17 h 05 —		
			dimanche **17**
21 h 49	♉		lundi **18**
Apogée 3 h 13			
◐ 17 h 26			mardi **19**
Équinoxe de printemps 11 h 02	— 5 h 02 —		mercredi **20**
	♊		jeudi **21**
	— 2 h 55 —		vendredi **22**
	♋		samedi **23**
	— 20 h 55 —		

Lune descendante			
			dimanche **24** Rameaux
	♌		lundi **25**
	— 14 h 09 —		mardi **26**
☺ 9 h 27			mercredi **27**
	♍		jeudi **28**
	— 14 h 51 —		vendredi **29**
☊ 5 h 55	♎		samedi **30**
Périgée 3 h 51	— 7 h 28 —		
	♏		dimanche **31** Pâques

Greffez les fruitiers en fente et en incrustation avec les greffons prélevés le 11 janvier.

Le 19, ne jardinez pas avant 8 h 15.

Au chaud, en caissette, dans un mélange léger, semez le céleri-rave 'Névé'. Recouvrez peu les graines, tassez avec une planchette et maintenez humide jusqu'à la levée. En pépinière, semez des poireaux pour l'automne 'Gros long d'été', 'Jaune gros du Poitou', 'Malabare'. Éclaircissez les jeunes plants, tous les 5 cm.

Taillez les rosiers remontants. Rabattez les buissons à 20-30 cm du sol, réduisez les variétés arbustives. Enlevez le bois mort et une ou deux tiges âgées. Repiquez en pots individuels les pélargoniums semés les 10 et 11 février. Œilletonnez les artichauts.

Plantez les asperges. Étalez les griffes sur les monticules, bouchez la tranchée et couvrez les racines de 5 cm avec de la terre fine. Arrosez copieusement. Plantez tous les persistants vendus en conteneurs. Repiquez les laitues semées du 12 au 15 février.

Terminez la taille des fruitiers et de la vigne. Taillez les pêchers en début de floraison et les oliviers. Dans les deux cas, aérez la ramure et rapprochez la fructification vers le bas des arbres. Repiquez en godets individuels les aubergines, piments, poivrons semés du 6 au 8 février. Binez les pois semés les 15-16 février, posez les rames pour les variétés grimpantes.

Installez les plants germés de pommes de terre précoces 'Belle de Fontenay' et 'BF 15'. Espacez les rangs de 80 cm, placez un plant tous les 35 cm, les germes vers le haut, à 10 cm de profondeur. Rebouchez. Vous les butterez quand le feuillage aura 25 cm de hauteur. Plantez aussi les plants achetés ou conservés de l'an dernier de crosnes, topinambours et raifort. Éclaircissez les carottes semées les 8 et 9 mars.

Le 30, ne jardinez pas avant 11 h.
Le 31, ne jardinez pas avant 8 h 55.

Taillez les arbustes à floraison estivale. Plantez sous abri les choux-fleurs semés les 14-15 janvier. Éclaircissez tous les 5 cm les impatiens semées le 10 mars.

Blanchissez des pissenlits. Éclaircissez les semis réalisés du 11 au 14 mars.

Les nœuds lunaires ascendants ou descendants et les périodes de lunes montantes ou descendantes correspondent à des notions différentes. Ainsi peut-on avoir un nœud descendant en période de lune montante et inversement.

Le calendrier

Vos observations personnelles

Mars 2013

Avril 2013

Lune descendante 12 h 01	♏	lundi **1**	**P**lantez (ou divisez des pieds âgés) de ciboulette, estragon, oseille et rhubarbe. Replantez-les à un autre endroit en apportant du compost.
	– 23 h 20 –	mardi **2**	
◐ 4 h 36	♐	mercredi **3**	**S**emez les pois ronds 'Express à longue cosse', 'Petit provençal' ou ridés 'Dorian', 'Excellenz' et les mangetout 'Corne de bélier', 'Carouby de Maussane'. Semez aussi les fèves en lignes distantes de 30 à 40 cm et profondes de 5 cm. Binez après la germination. Greffez les fruitiers en couronne avec les greffons prélevés début janvier.
	– 10 h 10 –	jeudi **4**	**E**n place, semez des carottes 'de Colmar', 'de Meaux', 'Nantaise améliorée' en rangs espacés de 30 cm, à 2 cm de profondeur. Tassez et arrosez. Semez des radis de tous les mois 'Bamba', 'Gaudry', 'National' et en rangs larges, des betteraves 'd'Égypte', 'Nobol'.
Lune montante	♑	vendredi **5**	
	– 3 h 52 –	samedi **6**	**S**emez en place les annuelles peu frileuses comme les alysses odorantes, les clarkias, les pieds-d'alouette, les nigelles de Damas, elles combleront les vides dans les bordures ou les massifs.
	♒	dimanche **7**	
	– 13 h 07 –	lundi **8**	**E**n pépinière bien exposée, semez des choux cabus 'Quintal d'Alsace', 'Tête de pierre', 'Tête noire' et des choux de Bruxelles 'Jade Cross', 'Content' pour vos récoltes d'automne. Semez aussi des chicorées frisées 'de Meaux', 'Très fine maraîchère', ou scaroles 'Grosse bouclée', 'Natacha'. Opérez en terrine, au chaud à 25 °C pour obtenir une germination très rapide.
	♓	mardi **9**	
● 9 h 35 Lune rousse		mercredi **10**	
	– 2 h 21 –	jeudi **11**	**Le 12, ne jardinez pas avant 17 h 15.** **À** 20-25 °C, semez 3 à 4 graines de melon par godet de tourbe, humidifiez. Après la levée, gardez le plus beau plant. Lorsqu'ils auront 3 ou 4 vraies feuilles, taillez les tiges après les 2 premières feuilles. Arrosez sans excès.
☋ 12 h 12	♈	vendredi **12**	
	– 1 h 08 –	samedi **13**	**Le 15, ne jardinez pas après 17 h 20.** **S**emez les panais en place, en lignes espacées de 30 à 40 cm. Choisissez 'Demi-long de Guernesey', de bonne qualité, productif et rustique. À récolter en automne. Semez en pépinière des poireaux pour l'automne, 'Malabar', 'de Carentan', 'Electra'.
	♉	dimanche **14**	
5 h 28 Apogée 22 h 21		lundi **15**	
	– 12 h 58 –	mardi **16**	
Lune descendante	♊		

52

Les nœuds lunaires ascendants ou descendants et les périodes de lunes montantes ou descendantes correspondent à des notions différentes. Ainsi peut-on avoir un nœud descendant en période de lune montante et inversement.

Le calendrier

Vos observations personnelles

Avril 2013

Avril 2013

Lune descendante

○ 12 h 30
☉ ♈

☺ 19 h 57
Éclipse partielle
de Lune 20 h 07

☋ 14 h 06

Périgée 19 h 52

19 h 06

Lune montante

♉ 12 h 58	mardi	**16**
♊	mercredi	**17**
— 11 h 19 —	jeudi	**18**
♋	vendredi	**19**
— 5 h 59 —	samedi	**20**
♌	dimanche	**21**
	lundi	**22**
— 0 h 03 —	mardi	**23**
♍	mercredi	**24**
	jeudi	**25**
— 0 h 06 —	vendredi	**26**
♎	samedi	**27**
— 15 h 38 —	dimanche	**28**
♏		
— 6 h 17 —	lundi	**29**
♐	mardi	**30**

Plantez les glaïeuls tous les 20 cm, à 10 cm de profondeur. Si vous les utilisez en bouquets, recommencez tous les mois jusqu'en juillet. En régions douces, installez les dahlias, protégez des limaces. Repiquez en pépinière les œillets Chabaud semés les 10-11 février et en godets les impatiens semées le 10 mars.

Tondez la pelouse, scarifiez pour enlever la mousse. Apportez un engrais riche en azote. Avec un coupe-bordure, faites une coupe nette le long des massifs. Plantez les aromatiques, cerfeuil, persil, romarin, sauge, thym, et les choux cabus semés les 12-13 février.

Plantez des fraisiers remontants, des petits fruits, groseilliers à grappes, à maquereau, cassissiers, framboisiers et en terre acide des myrtilliers. Enrichissez le sol en compost, mettez en place et arrosez. Dans les régions douces, installez les aubergines, piments, poivrons, semés du 6 au 8 février et repiquez en godets ces mêmes légumes ainsi que les tomates, semées du 5 au 7 mars. Binez et buttez les pois et fèves semés du 2 au 4 avril.

Le 25, ne jardinez pas après 15 h.

À la floraison du lilas, plantez les pommes de terre de conservation 'Charlotte', 'Roseval', 'Sirtema'. À butter quand le feuillage aura 25 cm de hauteur. Installez en rangs espacés de 30 cm et tous les 10 cm, les poireaux semés les 9 et 10 février. Repiquez pour la première fois les céleris-raves semés du 16 au 19 mars. Éclaircissez les betteraves et les carottes semées les 4 et 5 avril.

Le 26, ne jardinez pas.
Le 27, ne jardinez pas après 14 h 50.

Plantez les vivaces et les arbustes à fleurs. Taillez les arbustes printaniers défleuris.

Repiquez sous abri les chicorées semées du 7 au 10 avril quand les plants ont 5 vraies feuilles. Espacez-les de 10 cm en tous sens. Opérez en pépinière pour les choux cabus et de Bruxelles semés aux mêmes dates.

Semez des courgettes, des courges et des pâtissons en godets de tourbe, à raison de 3 graines par pot. Placez-les à 18-20 °C. À la levée, conservez seulement le plus beau plant. À installer vers la mi-mai pour des récoltes à partir de juillet.

54

Les nœuds lunaires ascendants ou descendants et les périodes de lunes montantes ou descendantes correspondent à des notions différentes. Ainsi peut-on avoir un nœud descendant en période de lune montante et inversement.

Le calendrier

Vos observations personnelles

Avril 2013

Mai 2013

Lune montante

◐ 11 h 14

☿ 19 h 13
Éclipse annulaire
de Soleil 0 h 25
● 0 h 28

12 h 31

Apogée 13 h 32

⊙ ♉

Lune descendante

♐	– 15 h 49 –	**mercredi 1** Fête du Travail
♑		**jeudi 2**
	– 8 h 50 –	**vendredi 3**
♒		**samedi 4**
	– 18 h 47 –	**dimanche 5**
♓		**lundi 6**
		mardi 7
	– 9 h 09 –	**mercredi 8** Victoire 1945
♈		**jeudi 9** Ascension
	– 8 h 15 –	**vendredi 10**
		samedi 11
♉		**dimanche 12**
	– 20 h 06 –	**lundi 13**
♊		**mardi 14**
	– 18 h 41 –	**mercredi 15**
♋		**jeudi 16**

Ressemez des pois à grains ridés, des variétés naines ou grimpantes.

Semez des navets sur rangs larges, espacés de 20 cm. Vous récolterez 'à Forcer nantais', 'des Vertus marteau', 'Jaune boule d'or' dans environ 2 mois. Près des poireaux, semez des carottes pour lutter simultanément contre la mouche et la teigne.

Semez directement en place les alysse odorante, belle-de-jour, capucine, bleuet, immortelle, lavatère et tournesol. Recouvrez les graines, tassez avec le dos du râteau et arrosez en pluie fine.

En pépinière bien exposée (température du sol supérieure à 11 °C), semez du céleri à côtes 'd'Elne' ou 'Géant doré amélioré'. Semez en place des poirées 'Blonde à carde blanche' ou 'Verte à carde blanche'. Arrosez préalablement le sol s'il est sec. Ouvrez des sillons distants de 40 cm. Espacez bien les graines, rebouchez et arrosez. Semez aussi du fenouil doux, en pépinière abritée ou sous tunnel.

Le 9, ne jardinez pas après 14 h 10.
Le 10, ne jardinez pas avant 6 h.

En régions douces, semez en poquets enrichis de compost les melons, concombres et cornichons. En sol réchauffé, semez des haricots nains.

Le 13, ne jardinez pas entre 8 h 30 et 18 h 35.

En place, tous les 20 cm, semez les salsifis et les scorsonères. Couvrez peu les graines, tassez et arrosez. À éclaircir quand les plants auront 2 feuilles. Semez aussi des endives 'Magnum', 'Opale', 'Zoom', des betteraves 'Crapaudine', 'd'Égypte', 'de Détroit 3', des carottes 'de Colmar', 'Flyaway', 'Maestro'.

Plantez les annuelles, bégonias semperflorens, œillets Chabaud, pélargoniums, semées les 10-11 février. Plantez les choux-fleurs et les brocolis, semés les 10-11 mars. Espacez les pieds de 70 cm en tous sens. Éclaircissez les annuelles semées les 6 et 7 avril.

Sous un tunnel, plantez les chicorées semées du 7 au 10 avril. Distancez les pieds de 30 à 40 cm en tous sens. À récolter en juin-juillet après les avoir fait blanchir.

Les nœuds lunaires ascendants ou descendants et les périodes de lunes montantes ou descendantes correspondent à des notions différentes. Ainsi peut-on avoir un nœud descendant en période de lune montante et inversement.

Le calendrier

Vos observations personnelles

Mai 2013

Mai 2013

Lune descendante

- ☽ 4 h 34
- ♋ jeudi **16**
- — 13 h 59 — vendredi **17**
- ♌ samedi **18**
- dimanche **19** Pentecôte
- — 9 h 35 — lundi **20**
- ♍ mardi **21**
- mercredi **22**
- — 10 h 39 — jeudi **23**
- ☊ 0 h 39
- ♎ Éclipse de Lune 4 h 10 ☺ 4 h 25
- Périgée 1 h 43 **4 h 49**
- — 1 h 52 — vendredi **24**
- ♏ samedi **25**
- dimanche **26**
- — 15 h 35 —

Lune montante

- ♐ lundi **27**
- mardi **28**
- — 23 h 15 —
- ♑ mercredi **29**
- jeudi **30**
- — 15 h 21 —
- ♒ vendredi **31**
- ☽ 18 h 58

En pot ou au jardin, plantez les aromatiques (basilic, cerfeuil, ciboulette, estragon, menthe, sauge, thym). Associez-les aux choux, tomates, carottes, navets, radis, leurs parfums repousseront de nombreux parasites.

Plantez les aubergines, piments, poivrons et tomates semés du 5 au 7 mars. Installez des œillets d'Inde à côté des tomates pour éloigner les nématodes. Plantez les courgettes, courges et pâtissons, semés les 29 et 30 avril. Mettez en place les melons semés les 11 et 12 avril. Arrosez, couvrez avec des cloches ou un tunnel, protégez si besoin.

Plantez les poireaux semés du 17 au 19 mars. Coupez les racines à 2 cm et les feuilles à 10 cm. Laissez-les sécher un jour ou deux et mettez-les en place, tous les 10 cm en enterrant la base. Éclaircissez à 20 cm les panais semés du 13 au 16 avril, à 10 cm les carottes et les navets, tous deux semés début mai. Binez et désherbez les entre-rangs. Effectuez en pépinière le 2e repiquage des céleris-raves semés du 17 au 19 mars.

Le 24, ne jardinez pas.
Le 25, ne jardinez pas avant 10 h.

Plantez les bulbes d'été et annuelles. Taillez les arbustes défleuris. Éclaircissez les semis réalisés les 3-4 mai.

Le 26, ne jardinez pas avant 6 h 45.

Tondez la pelouse. Plantez les choux cabus et de Bruxelles semés du 7 au 10 avril. Installez les fenouils doux semés début mai.

Semez les haricots nains ou grimpants, mangetout, à filets, verts ou beurre, à écosser. Pour les nains, espacez les rangs de 40 à 50 cm, déposez un grain tous les 4-5 cm. Pour les grimpants, piquez les rames et déposez 6 à 8 grains au pied de chacune. Renouvelez les semis une fois par mois, jusqu'en juillet.

En place, sur rangs larges, semez les betteraves 'Crapaudine', 'Nobol', 'Rouge globe'. À récolter en automne. Semez des endives en lignes, en enterrant peu les graines. Semez des poireaux pour l'hiver.

Semez en pépinière les choux-fleurs 'Nautilus', 'Siria', les brocolis 'Emperor', 'Claudia', 'Romanesco'. Enterrez les graines à 2 cm, tassez et arrosez. À récolter en automne.

Les nœuds lunaires ascendants ou descendants et les périodes de lunes montantes ou descendantes correspondent à des notions différentes. Ainsi peut-on avoir un nœud descendant en période de lune montante et inversement.

Le calendrier

Vos observations personnelles

Mai 2013

Juin 2013

	0 h 28	samedi **1**
	♓	dimanche **2**
Lune montante		lundi **3**
	14 h 52	mardi **4**
☊ 0 h 58	♈	mercredi **5**
	14 h 21	jeudi **6**
		vendredi **7**
● 15 h 56	♉	samedi **8**
19 h 16		
Apogée 21 h 39		dimanche **9**
	2 h 25	lundi **10**
	♊	mardi **11**
	0 h 58	mercredi **12**
Lune descendante	♋	jeudi **13**
	20 h 32	vendredi **14**
	♌	samedi **15**
☽ 17 h 24	17 h 28	dimanche **16**

En place, semez différentes salades : chicorées frisées 'Fine de Louviers', 'de Meaux' et scaroles 'Cornet d'Anjou', laitues pommées qui résistent à la montée à graines 'Craquerelle du Midi', 'Kinemontepas', 'Pasquier', à couper 'Red Salad Bowl', 'Salad Bowl', de la roquette, du pourpier, du mesclun. Semez également en place le cardon. Pour l'hiver, semez en pépinière des choux de Bruxelles 'de Rosny', 'Génius', 'Sanda' et des choux de Milan 'Concerto', 'de Pontoise', 'Gros des vertus'.

Le 6, ne jardinez pas avant 6 h.

Renouvelez les semis de courgettes, concombres et cornichons. Pensez aussi aux coloquintes pour vos décors de l'hiver à la maison. Elles peuvent couvrir le sol ou grimper sur de solides tuteurs.

Le 9, ne jardinez pas après 16 h 35.

Semez des carottes pour la consommation hivernale et des radis 'Noir long poids d'horloge', 'Rose de Chine' ou 'Violet d'hiver de Gournay'. Alternez les rangs tous les 25-30 cm avec les carottes, les radis seront plus doux. Quelques jours après la germination, vous éclaircirez les jeunes plants tous les 10-15 cm.

Bouturez les arbustes comme les deutzias, potentilles et seringats. Divisez les bulbes à floraison printanière, narcisses, tulipes, jacinthes, lorsque leur feuillage est jaune. Conservez les plus beaux, stockez-les au sec ou replantez-les à un autre endroit.

Éclaircissez tous les 30 à 40 cm les poirées semées du 4 au 8 mai. Repiquez en pépinière, tous les 10 cm, les céleris à côtes semés aux mêmes dates.

Après la chute naturelle des fruits, éclaircissez les pommes et les poires en surnombre. Conservez le plus beau par bouquet, celui du centre pour les pommes et un de la périphérie pour les poires. Taillez les courges, concombres et melons pour hâter la formation des fruits.

Les nœuds lunaires ascendants ou descendants et les périodes de lunes montantes ou descendantes correspondent à des notions différentes. Ainsi peut-on avoir un nœud descendant en période de lune montante et inversement.

Le calendrier

Vos observations personnelles

Juin 2013

Lune descendante

◐ 17 h 24
☊ 9 h 51
Solstice d'été 5 h 04
☉ ♊
16 h 12
Périgée 11 h 12
🌝 11 h 32

Lune montante

◑ 4 h 53

♌	– 17 h 28 –	dimanche **16**
		lundi **17**
♍		mardi **18**
	– 20 h 40 –	mercredi **19**
♎		jeudi **20**
	– 12 h 35 –	vendredi **21**
♏		samedi **22**
	– 2 h 19 –	dimanche **23**
♐		lundi **24**
	– 8 h 49 –	mardi **25**
♑		mercredi **26**
	– 0 h 23 –	jeudi **27**
♒		
	– 7 h 40 –	vendredi **28**
♓		samedi **29**
		dimanche **30**

Taillez les gourmands des tomates à l'aisselle des feuilles.

Plantez les poireaux semés du 13 au 16 avril. Arrachez-les et laissez-les sécher pendant 1 à 2 jours à même le sol pour éliminer les larves de la teigne. Raccourcissez les feuilles et les racines. Alternez les rangs avec des carottes. Éclaircissez les semis des 29 et 30 mai : les betteraves tous les 10-12 cm, les endives tous les 8-10 cm. Plantez les céleris-raves semés du 17 au 19 mars.

Le 20, ne jardinez pas avant 14 h 55.
Éclaircissez les choux-fleurs et brocolis semés les 30-31 mai. Conservez de beaux plants tous les 10 à 15 cm. Tassez le sol près des tiges et arrosez.

Blanchissez les chicorées. Taillez les haies de persistants, les topiaires et bordures de buis. Éclaircissez les salades et cardons, repiquez en pépinière les choux de Bruxelles et de Milan, tous semés du 1er au 4 juin.

Le 23, ne jardinez pas entre 6 h 10 et 16 h 15.
Semez les haricots 'Phénomène', 'Soissons gros blanc', 'Argus', 'Morgane', 'Fruidor', 'Contender' et à côté des capucines pour piéger les pucerons. Semez 4 à 5 grains de maïs doux en poquets distants de 50 cm. À éclaircir après la levée. Récoltez les fraises et framboises.

En rangs espacés de 30 cm, semez des endives 'Opale', 'Zoom' pour un forçage sans terre de couverture, couvrez les graines de 1 cm, et des carottes 'Touchon', 'Nandor', 'Chantenay à cœur rouge 2', 'de Colmar'.

Cueillez le tilleul. Semez en pépinière les bisannuelles, campanule médium, giroflée ravenelle, myosotis, œillet de poète, et des vivaces, pavot d'Orient et rose trémière.

En milieu de journée, par beau temps, avant leur floraison, coupez les aromatiques, estragon, marjolaine, origan, romarin, sarriette, sauge, thym. Faites-les sécher à plat ou suspendez-les en botte. Semez les chicorées, sauvages 'Pain de sucre' et italiennes 'Rouge de Trévise', en place, sur rangs espacés de 30 cm.

Les nœuds lunaires ascendants ou descendants et les périodes de lunes montantes ou descendantes correspondent à des notions différentes. Ainsi peut-on avoir un nœud descendant en période de lune montante et inversement.

Le calendrier

Vos observations personnelles

Juin 2013

Juillet 2013

Lune montante

♋ 4 h 15

2 h 07

Apogée 0 h 35

● 7 h 14

Lune descendante

◐ 3 h 18

♓		lundi **1**
— 20 h 36 —		
♈		mardi **2**
— 20 h 06 —		mercredi **3**
		jeudi **4**
♉		vendredi **5**
		samedi **6**
— 8 h 23 —		dimanche **7**
♊		lundi **8**
— 6 h 47 —		mardi **9**
♋		mercredi **10**
— 2 h 11 —		jeudi **11**
♌		vendredi **12**
		samedi **13**
— 23 h 32 —		dimanche **14** *Fête nationale*
♍		lundi **15**
		mardi **16**

Semez des laitues qui supportent la chaleur comme 'Iceberg', 'Sucrine' ou 'Rossia'.

Le 3, ne jardinez pas avant 9 h 20.
En poquets enrichis de compost, semez 3 à 4 graines de concombres, cornichons ou courgettes. Après la levée, sélectionnez le plus beau plant et arrachez les autres. Arrosez sans mouiller les feuilles.

Le 7, ne jardinez pas avant 5 h 40.
Semez des radis d'hiver 'Rose de Chine', 'Noir gros long d'hiver de Paris', 'Noir gros rond d'hiver', 'Noir long poids d'horloge' ou 'Violet de Gournay'. Semez également des rutabagas, en lignes espacées de 30 à 40 cm. Après la levée, éclaircissez les radis tous les 15 cm et les rutabagas tous les 30 cm.

Marcottez la glycine et la bignone. Courbez une branche basse, enlevez les feuilles sur la partie enterrée et attachez l'extrémité à un tuteur. Plantez les brocolis semés les 30 et 31 mai, tous les 60 cm en tous sens. Enterrez la base des tiges, tassez et arrosez.

Débroussaillez les endroits envahis par les chardons, ronces et prunelliers. Arrachez ou coupez le plus bas possible. Plantez les céleris à côtes semés du 4 au 8 mai, tous les 30 à 40 cm. Raccourcissez les feuilles et racines, enterrez un peu la base des tiges.

Taillez en vert les formes palissées des pommiers et des poiriers vigoureux. Supprimez les pousses inutiles ou stériles qui détournent une partie importante de la sève. Taillez également les gourmands des tomates qui naissent à l'aisselle des feuilles, les pousses trop longues ou stériles des courges et des potirons.

Récoltez les pommes de terre précoces. Arrachez-les selon vos besoins et consommez-les rapidement car elles ne se conservent pas. Arrachez l'ail, l'oignon, l'échalote. Éclaircissez les carottes semées du 6 au 9 juin, les endives semées les 25-26 juin et les radis d'hiver semés début juillet.

Les nœuds lunaires ascendants ou descendants et les périodes de lunes montantes ou descendantes correspondent à des notions différentes. Ainsi peut-on avoir un nœud descendant en période de lune montante et inversement.

Le calendrier

Vos observations personnelles

Juillet 2013

Juillet 2013

Lune descendante

◐ 3 h 18 — ♍ — mardi **16**

Plantez les poireaux semés les 29 et 30 mai. Raccourcissez les feuilles et les racines. Alternez les rangs avec des carottes.

— 4 h 46 — ♎ — mercredi **17**

☍ 14 h 59

jeudi **18**

— 22 h 03 —

Le 17, ne jardinez pas entre 10 h et 20 h.
Tous les 60 à 70 cm, plantez les choux-fleurs semés les 30 et 31 mai. Pour une reprise plus facile, prélevez les pieds avec une motte. Enterrez-les jusqu'aux premières feuilles, tassez et arrosez copieusement.

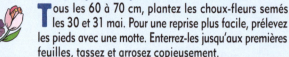

♏ — vendredi **19**

Installez les choux de Bruxelles et de Milan semés du 1ᵉʳ au 4 juin. Espacez les pieds de 50 à 60 cm en tous sens, enterrez la base des tiges. Éclaircissez les laitues et les chicorées semées fin juin et le 1ᵉʳ juillet.

3 h 14

☉ ♋

— 12 h 44 — samedi **20**

Périgée 20 h 22

♐ — dimanche **21**

Le 21, ne jardinez pas après 15 h 20.
Greffez en écusson les pommiers, poiriers et pruniers. Prélevez les greffons et mettez-les en place dans une incision en forme de T. En poquets enrichis, semez 3 graines de courgettes 'Opal' ou 'Tarmino', couvrez de 3 cm. Conservez le plus beau plant à la levée.

🌝 18 h 15 — lundi **22**

— 19 h 28 —

Lune montante

♑ — mardi **23**

Semez des navets 'Jaune boule d'or', 'Stanis', 'de Bency', 'Blanc dur d'hiver' et des carottes. Distancez les rangs de 20 cm, tassez et arrosez.

— 11 h 08 — ♒ — mercredi **24**

jeudi **25**

— 16 h 45 —

En pépinière, semez les pensées et les pâquerettes, les vivaces, agastaches, ancolies, lins, et en place, les lupins. Espacez bien les graines, tassez, arrosez.

♓ — vendredi **26**

samedi **27**

dimanche **28**

Semez la mâche sur une parcelle précédemment occupée par des pois ou des fèves. Opérez en lignes, tous les 20 à 30 cm. Pour ce premier semis, optez pour 'à Grosse graine' à récolter avant les grands froids. Semez du pourpier 'Doré à larges feuilles', en lignes espacées de 20 cm. À récolter à partir de septembre. Semez aussi le chou de Chine, en rangs distants de 30 cm, pour le récolter en automne. Semez enfin des frisées et scaroles, en place, très clair.

— 3 h 27 — lundi **29**

◐ 17 h 43

♈ — mardi **30**

☍ 5 h 49

Le 30, ne jardinez pas avant 10 h 50.
À bonne exposition, semez des haricots. Dans les régions fraîches en automne, préférez les nains qui produisent plus vite. Procédez comme du 26 au 28 mai.

— 2 h 24 — ♉ — mercredi **31**

Semez des rutabagas, en lignes espacées de 30 à 40 cm. Après la levée, éclaircissez tous les 30 cm.

Les nœuds lunaires ascendants ou descendants et les périodes de lunes montantes ou descendantes correspondent à des notions différentes. Ainsi peut-on avoir un nœud descendant en période de lune montante et inversement.

Le calendrier

Vos observations personnelles

Juillet 2013

Août 2013

Lune montante		jeudi	
	♉	**1**	
9 h 20		vendredi	
		2	
Apogée 8 h 53		samedi	
	— 14 h 39 —	**3**	
	♊	dimanche	
		4	
	— 12 h 58 —	lundi	
		5	
	♋	mardi	
● 21 h 50		**6**	
	— 8 h 03 —	mercredi	
		7	
	♌	jeudi	
		8	
Lune descendante		vendredi	
		9	
	— 4 h 51 —	samedi	
☉♌		**10**	
	♍	dimanche	
		11	
		lundi	
		12	
	— 10 h 47 —	mardi	
☍ 16 h 20		**13**	
☽ 10 h 56	♎	mercredi	
		14	
	— 5 h 16 —	jeudi	
	♏	**15** Assomption	
12 h 11		vendredi	
Lune montante	— 21 h 18 —	**16**	

Le 3, ne jardinez pas avant 13 h 55.

Semez des radis d'hiver 'Rose de Chine', 'Noir gros long d'hiver de Paris', 'Noir gros rond d'hiver', 'Noir long poids d'horloge' ou 'Violet de Gournay'. Espacez les rangs de 20 à 30 cm. Après la levée, conservez un pied tous les 15 à 20 cm.

Bouturez les arbustes de vos vacances. Le laurier-rose dans l'eau, à installer en pot quand les racines auront 4 cm de longueur. Le lilas des Indes directement en pot ou sous châssis. Repiquez en pépinière les bisannuelles et les vivaces semées le 27 juin.

Blanchissez les frisées et scaroles selon vos besoins. Couvrez-les d'une cloche opaque ou liez les feuilles. À récolter 10 à 15 jours plus tard lorsqu'elles seront attendries.

Taillez en vert les pommiers et poiriers palissés vigoureux. Supprimez les pousses inutiles ou stériles. Taillez les framboisiers non remontants en coupant au ras du sol les cannes qui ont fructifié. Brûlez-les. Poursuivez également la taille des gourmands des tomates, les pousses trop longues des courges et des potirons.

Préparez le sol pour les semis d'oignons des 19 et 20 août. Choisissez une parcelle non fumée récemment et n'ayant pas eu de fèves, pois ou haricots cette année. Arrachez l'ail, les échalotes et les oignons de couleur lorsque les fanes sont jaunes, laissez-les se ressuyer un jour au soleil et rentrez-les dans un local. Pour que l'ail reste blanc, protégez les gousses avec les fanes d'autres pieds. Déterrez les pommes de terre de conservation. Éclaircissez les navets et carottes, semés du 22 au 24 juillet.

Le 13, ne jardinez pas après 11 h 20.

Plantez ou divisez les iris et hémérocalles. Installez les crocus, safran, cyclamen, colchique et sternbergia. Mettez en place le lis de la Madone en enterrant les bulbes de 3 cm.

Si vous devez semer une nouvelle pelouse en septembre, préparez le sol dès maintenant. Bêchez, affinez la terre, aplanissez. Les mauvaises herbes vont germer, vous les éliminerez les 2 et 11 septembre.

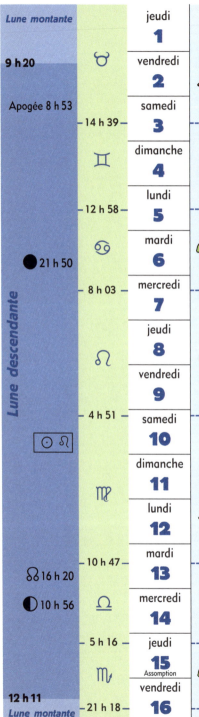

Le calendrier

Les nœuds lunaires ascendants ou descendants et les périodes de lunes montantes ou descendantes correspondent à des notions différentes. Ainsi peut-on avoir un nœud descendant en période de lune montante et inversement.

Vos observations personnelles

Août 2013

Août 2013

Lune descendante 12 h 11	♏	vendredi **16**
	— 21 h 18 —	
		samedi **17**
	♐	
		dimanche **18**
Périgée 1 h 26	— 5 h 30 —	lundi **19**
	♑	
		mardi **20**
☺ 1 h 45	— 21 h 46 —	
	♒	mercredi **21**
	— 2 h 52 —	
		jeudi **22**
Lune montante	♓	vendredi **23**
		samedi **24**
	— 11 h 49 —	dimanche **25**
☍ 8 h 18	♈	lundi **26**
	— 9 h 54 —	mardi **27**
◐ 9 h 35		mercredi **28**
	♉	jeudi **29**
17 h 02		
Apogée 23 h 46	— 21 h 43 —	vendredi **30**
Lune descendante	♊	samedi **31**

Éclaircissez les chicorées, choux de Chine et la mâche semés du 25 au 28 juillet.

Le 19, ne jardinez pas avant 6 h 30.

Écussonnez les pommiers, poiriers et pruniers. Prélevez les greffons, retirez les esquilles de bois, sans abîmer les yeux. Conservez un morceau du pétiole. Mettez-les en place dans une incision en forme de T et ligaturez. Si le pétiole tombe 15 jours après, la greffe est réussie. Dans le Midi, semez des haricots nains à récolter en octobre.

En régions douces, semez en pépinière les oignons 'Rouge pâle de Niort', 'Espagnol', 'Rouge de Florence', les oignons blancs 'de Barletta', 'de Vaugirard', 'Hâtif de Paris'. Éclaircissez les jeunes plants tous les 5 cm.

Greffez les églantiers en écusson avec les greffons de vos roses préférées (voir les 17 et 18 août). En pépinière, semez des pensées, violas et pâquerettes.

Semez des variétés de mâche qui résistent au froid 'Coquille de Louviers', 'Verte d'Étampes', 'Verte de Cambrai', et du chou de Chine. Semez l'épinard 'Géant d'hiver', 'Monstrueux de Viroflay', des laitues à couper, à récolter avant les grands froids, ou des variétés d'hiver 'Brune d'hiver', 'Merveille d'hiver', 'Verpia' pour le printemps. En pépinière, semez des choux cabus 'Cœur de bœuf', 'Très hâtif de Louviers'. Éclaircissez tous ces semis les 11 et 12 septembre.

Le 26, ne jardinez pas avant 13 h 20.

Récoltez les haricots à écosser, à consommer frais ou à faire sécher. Récoltez les graines de tomates. Versez-les avec leur jus dans un verre, laissez moisir. Lavez-les et faites-les sécher.

Le 30, ne jardinez pas après 18 h 45.

Semez des navets 'Jaune boule d'or', 'Blanc dur d'hiver', 'de Bency', 'des Vertus marteau' ou 'Stanis', en lignes espacées de 20 cm. Maintenez le sol humide jusqu'à la levée. En place, semez les derniers radis d'hiver 'Noir gros long d'hiver', 'Noir long poids d'horloge', 'Rose de Chine' ou 'Violet de Gournay'. Après la germination, conservez un pied tous les 15 à 20 cm.

Bouturez les rosiers. Prélevez des rameaux de l'année de 15 cm de longueur. Retirez les feuilles de la base et enterrez-les de 5 à 10 cm dans un mélange léger.

Les nœuds lunaires ascendants ou descendants et les périodes de lunes montantes ou descendantes correspondent à des notions différentes. Ainsi peut-on avoir un nœud descendant en période de lune montante et inversement.

Vos observations personnelles

Le calendrier

Août 2013

Septembre 2013

	♊ —20 h 05—	**dimanche 1**

 Repiquez les pensées, les pâquerettes et les vivaces semées les 24 et 25 juillet, à 10 cm en tous sens.

lundi 2

♋

mardi 3 —15 h 00—

 Taillez les haies de persistants, thuyas, cyprès, éléagnus, fusains, les topiaires et les bordures de buis. Opérez à la cisaille ou au taille-haie selon l'importance du travail.

mercredi 4

♌

jeudi 5

● 11 h 36

vendredi 6 —10 h 57—

 Après les dernières récoltes, taillez les pêchers et les abricotiers, les rameaux ayant eu des fruits n'en donneront plus. Coupez-les près de leur base, après les 2 rameaux de remplacement qui fructifieront l'an prochain. Plantez les fraisiers, les variétés remontantes ou non. N'enterrez pas le collet et arrosez copieusement.

samedi 7

♍

dimanche 8

lundi 9 —16 h 02—

☊ 17 h 29

Le 9, ne jardinez pas après 12 h 25.
 Arrachez selon vos besoins les betteraves, les céleris-raves, les carottes, les navets et les radis d'automne. Consommez-les rapidement, ils sont gorgés de vitamines et de minéraux. Déterrez les dernières pommes de terre et les oignons. Conservez-les au sec. Éclaircissez les navets et les radis d'hiver semés du 27 au 30 août.

mardi 10

♎

mercredi 11 —10 h 45—

 Installez les grandes vivaces vendues en godets, aster, hélénium, rudbeckia et les plantes de rocaille, alysse, aubriète, arabis, saxifrage. Plantez et divisez les pivoines herbacées, couvrez les bourgeons de 3 cm de terre. Dans le Midi, plantez les artichauts à 1 m en tous sens.

jeudi 12

☽ 17 h 08
18 h 34

♏

—3 h 38—

vendredi 13

 Faites blanchir cardons et céleris à côtes. Récoltez les premiers dans 3 à 4 semaines et les seconds dans 2 à 3 semaines. Blanchissez des frisées et des scaroles pendant 10 à 15 jours pour attendrir les cœurs.

samedi 14

♐

dimanche 15 —13 h 34—

Périgée 16 h 31

Le 15, ne jardinez pas après 11 h 30.
 Arrachez les haricots à écosser (grains en sec). Écossez-les et mettez les grains quelques jours au congélateur pour éliminer les bruches. Récoltez les pommes et poires d'automne, qui se conservent peu, les fraises et les framboises remontantes.

lundi 16

♑

☉ ♍

Semez les poireaux « baguette », en place, en lignes espacées de 20 cm. Dispersez bien les graines. Après la levée, éclaircissez-les en gardant un plant tous les 5 cm, ils ne se repiquent pas. À récolter en mai.

Lune descendante / *Lune montante*

Le calendrier

Les nœuds lunaires ascendants ou descendants et les périodes de lunes montantes ou descendantes correspondent à des notions différentes. Ainsi peut-on avoir un nœud descendant en période de lune montante et inversement.

Vos observations personnelles

Septembre 2013

Septembre 2013

☉ ♍	
— 6 h 34 —	**lundi 16** En régions douces, en pépinière, semez des oignons de couleur et blancs. Opérez en rangs espacés de 20 à 30 cm. Éclaircissez les jeunes plants tous les 5 cm.
♒ — 12 h 27 —	**mardi 17** Semez les annuelles peu frileuses, pied-d'alouette, pois de senteur, pavot de Californie. Éclaircissez les jeunes plants. Greffez les églantiers en écusson.
☺ 11 h 13 ♓	**mercredi 18**
	jeudi 19 Terminez d'aplanir la surface à ensemencer en gazon, roulez-la. Répartissez les graines à la volée, en deux passages croisés. Couvrez de terreau et roulez à nouveau. Arrosez en pluie fine pour ne pas déplacer les graines. S'il ne pleut pas, arrosez souvent pendant 3 à 4 semaines. Au potager, semez des engrais verts, moutarde, navette, vesce, seigle, sur les parcelles libres. À enfouir au printemps. Semez de la mâche et des épinards.
	vendredi 20
— 21 h 05 —	**samedi 21**
⚭ 13 h 48 Équinoxe d'automne 20 h 44 ♈	**dimanche 22** *Le 22, ne jardinez pas après 8 h 45.* Coupez les feuilles autour des tomates et grappes de raisin pour favoriser leur maturité. Récoltez les pommes, poires, prunes, fraises, framboises, courgettes, concombres, cornichons. Transformez le surplus.
— 18 h 27 —	**lundi 23**
♉	**mardi 24** Semez en place, en lignes espacées de 20 cm, les radis de tous les mois 'de Dix-huit jours', 'Flamboyant', 'Gaudry 2', 'National'. Répartissez bien les graines, fermez les sillons, tassez et arrosez en pluie fine. Éclaircissez quelques jours après la levée. S'il ne pleut pas, arrosez régulièrement pour que les radis ne creusent pas et ne soient pas piquants.
1 h 03	**mercredi 25**
	jeudi 26
◐ 3 h 55 — 5 h 34 — Apogée 18 h 16 ♊	**vendredi 27** *Le 27, ne jardinez pas après 13 h 15.* Plantez les bulbes printaniers précoces, narcisse, crocus, perce-neige, et les bisannuelles semées les 27 juin et 24-25 juillet. Repiquez en pépinière les pensées, violas et pâquerettes semées le 21 août.
— 4 h 04 — ♋	**samedi 28**
	dimanche 29 Bouturez les arbustes à feuillage persistant, aucuba, laurier-palme, thuya. Placez-les sous châssis, protégez-les en hiver avec des paillassons. Repiquez en pépinière, tous les 10 cm, les choux cabus semés du 22 au 25 août.
— 23 h 11 —	**lundi 30**

Lune montante / *Lune descendante*

Les nœuds lunaires ascendants ou descendants et les périodes de lunes montantes ou descendantes correspondent à des notions différentes. Ainsi peut-on avoir un nœud descendant en période de lune montante et inversement.

Le calendrier

Vos observations personnelles

Septembre 2013

Octobre 2013

Lune descendante

● 0 h 34

☊ 22 h 09 — 22 h 28

23 h 49

Lune montante

Périgée 23 h 14

◐ 23 h 02

♌

♍ — 18 h 51

♎ — 16 h 24

♏

♐ — 8 h 58

♑ — 19 h 33

♒ — 12 h 58

♓ — 20 h 11

mardi	**1**
mercredi	**2**
jeudi	**3**
vendredi	**4**
samedi	**5**
dimanche	**6**
lundi	**7**
mardi	**8**
mercredi	**9**
jeudi	**10**
vendredi	**11**
samedi	**12**
dimanche	**13**
lundi	**14**
mardi	**15**
mercredi	**16**

Plantez les fraisiers tous les 30 cm en espaçant les rangs de 40 cm. S'ils sont à racines nues, formez une petite butte et étalez les racines pralinées dessus. Rebouchez sans enterrer le collet. Installez tous les petits fruits vendus en conteneurs. Placez une pierre plate sous les potirons et les courges pour les protéger de l'humidité et accélérer leur maturité.

Le 6, ne jardinez pas après 17 h 05.
Plantez les oignons semés les 19 et 20 août. Coupez l'extrémité des feuilles et les racines à 1 cm du bulbe. À bonne exposition, tracez des lignes tous les 15 cm, placez un oignon tous les 8 cm, à 3 cm de profondeur. Bornez, n'arrosez pas. Dans le Midi, plantez l'ail blanc et violet. Espacez les sillons de 20 cm et les caïeux de 10-12 cm, à 3 ou 4 cm de profondeur. Refermez et n'arrosez pas.

Plantez les azalées, rhododendrons, piéris dans une terre acide et riche. Couvrez le sol de compost. Installez le muguet à la mi-ombre. Enterrez à peine les griffes, tous les 10 cm. Vous pouvez aussi diviser des pieds anciens.

Plantez les conifères et les arbustes persistants vendus en conteneurs. Ils commenceront à s'enraciner avant les grands froids. Blanchissez les chicorées frisées et scaroles, les cardons et les céleris à côtes.

Le 10, ne jardinez pas après 18 h 10.
En régions douces, semez les pois à grains ronds 'Petit provençal', 'Plein le panier' ou mangetout 'Carouby de Maussane', 'Corne de bélier'. Binez après la levée. Pour obtenir des porte-greffes, stratifiez les noyaux de pêches, abricots et prunes dans un pot rempli de sable. Enterrez au pied d'un mur au nord.

Sous abri, en terre bien affinée, semez des carottes demi-longues 'Touchon', 'Nanco', 'Boléro'. À récolter en primeur, en avril-mai. Tamisez le compost ancien, utilisez-le au potager ou dans les massifs. Alimentez le nouveau tas avec les déchets de saison.

Devant un grillage, semez en poquet le pois de senteur vivace. Repérez les emplacements, la germination n'interviendra qu'en mars-avril. Récoltez le safran.

Semez un engrais vert sur les parcelles libres. Répartissez les graines à la volée, ratissez pour les enterrer légèrement. À couper et à enfouir au printemps.

Le calendrier

Les nœuds lunaires ascendants ou descendants et les périodes de lunes montantes ou descendantes correspondent à des notions différentes. Ainsi peut-on avoir un nœud descendant en période de lune montante et inversement.

Vos observations personnelles

Octobre 2013

Octobre 2013

Heure d'hiver : dimanche 27 octobre, revenez à l'heure T.U. + 1 h (voir page 46).
Exemple : le lundi 28 octobre, la Lune se profile devant la constellation du Lion à partir de 7 h 52 + 1 h = 8 h 52.

Lune montante

☺ 23 h 38
Éclipse de Lune 23 h 50

♋ 21 h 46

— 5 h 57 —

— 3 h 11 —

9 h 13

— 13 h 43 —

Apogée 14 h 24

◐ 23 h 40

— 12 h 19 —

Lune descendante

— 7 h 52 —

— 4 h 13 —

☉ ♎

♓	mercredi	**16**
♓	jeudi	**17**
	vendredi	**18**
	samedi	**19**
♈	dimanche	**20**
	lundi	**21**
♉	mardi	**22**
	mercredi	**23**
	jeudi	**24**
♊	vendredi	**25**
	samedi	**26**
♋	dimanche	**27**
	lundi	**28**
♌	mardi	**29**
	mercredi	**30**
♍	jeudi	**31**

Le 18, ne jardinez pas après 18 h.
Le 19, ne jardinez pas.

Semez en lignes les épinards d'hiver 'Monstrueux de Viroflay', 'Parys', 'Samos', la mâche 'Verte d'Étampes', 'Verte de Cambrai', 'Coquille de Louviers', les laitues d'hiver 'Merveille d'hiver', 'Val d'Orge', 'Rougette de Montpellier'. Protégez si besoin avec un tunnel.

En régions douces, semez les fèves. Distancez les rangs de 30 à 40 cm, les grains de 10 à 12 cm. Bouchez et tassez le sol. À butter les 25 et 26 novembre. Récoltez tous les fruits avant les premières gelées, pommes, poires, kiwis, noix, courges, potirons...

Sous châssis ou sous tunnel, semez quelques radis de tous les mois 'Flamino', 'Gaudo' ou 'Gaudry 2'. Éclaircissez-les après la levée et récoltez-les dans 3 à 4 semaines. Stratifiez les graines de cerfeuil tubéreux. Semez-les dans un pot contenant du sable. Couvrez d'un grillage, enterrez le pot au pied d'un mur au nord. À semer en mars. Cette méthode facilite la germination des graines.

Le 25, ne jardinez pas après 9 h 20.

Plantez les bulbes de printemps et les lis (sauf celui de la Madone). Protégez les pieds d'artichaut. Liez-les sans serrer. Buttez sur 25 cm de hauteur. Paillez maintenant ou plus tard selon le climat.

Coupez et brûlez les tiges des asperges. Débuttez, apportez du compost. Plantez les choux cabus semés du 22 au 25 août. Espacez-les de 40 cm en tous sens.

Plantez les derniers fraisiers. Installez les petits fruits vendus en conteneurs. Espacez les pieds de 1 m. Prévoyez préalablement une armature pour les framboisiers. Ouvrez les trous de plantation des fruitiers que vous installerez en novembre et décembre. Ramassez les fruits momifiés et les feuilles mortes. Brûlez-les. Pulvérisez de la bouillie bordelaise pour cicatriser les plaies.

Plantez les oignons semés le 16 septembre. Procédez comme les 4, 5 et 6 octobre.

Les nœuds lunaires ascendants ou descendants et les périodes de lunes montantes ou descendantes correspondent à des notions différentes. Ainsi peut-on avoir un nœud descendant en période de lune montante et inversement.

Vos observations personnelles

Le calendrier

Octobre 2013

Novembre 2013

Lune descendante

☊ 6 h 53
Éclipse totale de Soleil 12 h 46
● 12 h 50

— 7 h 16 —

♍︎

— 0 h 09 —

♎︎

6 h 38
Périgée 9 h 22 — 15 h 35 —

♏︎

♐︎

Lune montante

— 1 h 02 —

♑︎

◐ 5 h 57

— 18 h 19 —

♒︎

— 2 h 01 —

♓︎

— 13 h 18 —

☋ 5 h 29

♈︎

vendredi **1** Toussaint	
samedi **2**	
dimanche **3**	*Le 3, ne jardinez pas.* En toutes régions, plantez l'échalote grise. Récoltez les légumes qui ne restent pas en terre et mettez-les en silo. Protégez les autres. Arrachez les endives sans abîmer les racines. Laissez-les sécher quelques jours sur place pour provoquer l'arrêt de la végétation. Éclaircissez les carottes semées les 13 et 14 octobre.
lundi **4**	Plantez les pensées, violas et pâquerettes semées le 21 août. Terminez les plantations de vivaces et d'arbustes à fleurs vendus en conteneurs. Arrachez les bégonias, cannas, dahlias et glaïeuls.
mardi **5**	*Le 6, ne jardinez pas avant 14 h 25.* Conservez les plus belles endives arrachées. Coupez les feuilles à 3 cm et les racines à 20 cm. Plantez-les dans une fosse au jardin ou une caisse en cave.
mercredi **6**	
jeudi **7**	En régions douces, semez les pois à grains ronds, nains 'Douce Provence', 'Petit provençal', grimpants 'Express à longue cosse', 'Roi des conserves', 'Serpette Guilloteaux' ou mangetout 'Corne de bélier', 'Carouby de Maussane'. Binez après la levée.
vendredi **8**	
samedi **9**	Sous châssis ou tunnel, semez des carottes courtes de type grelot 'Parmex' ou 'Mignon' et des radis ronds 'Gaudo' ou 'Gaudry 2'. Dégermez les pommes de terre. Contrôlez les légumes stockés en silo.
dimanche **10**	
lundi **11** Armistice de 1918	En régions douces, taillez les fleurs fanées des hortensias. Coupez au-dessus du 1er bourgeon situé sous la fleur. Ailleurs, vous taillerez en fin d'hiver.
mardi **12**	
mercredi **13**	Coupez les tiges de l'estragon à 10 cm du sol. Couvrez avec une bonne couche de feuilles sèches ou de la paille. Récoltez la mâche, les épinards, les laitues pommées et après les premières gelées, les variétés d'hiver de chou de Bruxelles. Commencez par les pommes du bas des tiges.
jeudi **14**	
vendredi **15**	
samedi **16**	*Le 16, ne jardinez pas avant 10 h 30.* Après les premières gelées, récoltez les nèfles communes et les kakis. Placez les fruits sur un lit de paille et consommez-les blets, dans quelques semaines.

Les nœuds lunaires ascendants ou descendants et les périodes de lunes montantes ou descendantes correspondent à des notions différentes. Ainsi peut-on avoir un nœud descendant en période de lune montante et inversement.

Le calendrier

Vos observations personnelles

Novembre 2013

Novembre 2013

Lune montante

☊ 5 h 29 — ♈ — samedi **16**

☺ 15 h 16 — 11 h 01 — dimanche **17**

— ♉ — lundi **18**

17 h 15 — mardi **19**

— 21 h 28 — mercredi **20**

Apogée 9 h 49 — ♊ — jeudi **21**

— 20 h 02 — vendredi **22**

☉ ♏ — ♋ — samedi **23**

— 15 h 57 — dimanche **24**

Lune descendante

◐ 19 h 28 — ♌ — lundi **25**

— mardi **26**

— 13 h 38 — mercredi **27**

— jeudi **28**

— ♍ — vendredi **29**

☊ 16 h 58 — 17 h 47 — samedi **30**

— ♎ —

Le 16, ne jardinez pas avant 10 h 30.

Si vos olives sont mûres et tombent, il est temps de les cueillir. Portez-les au moulin pour en extraire l'huile.

Profitez de cette période creuse pour faire le bilan des récoltes et des échecs de l'année. Faites le plan de votre potager pour 2014. Tenez compte des rotations – un même légume ne se cultive pas au même endroit avant 3 à 5 ans – et des associations bénéfiques ou à éviter. Repérez les parcelles qu'il ne faut pas fertiliser.

Le 22, ne jardinez pas avant 14 h 50.

Arrachez les bégonias, dahlias, cannas et glaïeuls. Stockez-les au sec jusqu'à l'an prochain. Déterrez et jetez les annuelles. Installez des clématites, les dernières hémérocalles et pivoines à racines nues.

Blanchissez les chicorées, cardons et céleris à côtes comme les 11 et 12 septembre. Nettoyez les pissenlits, couvrez-les de pots opaques. À récolter dans 3 à 4 semaines.

Hors période de gel, plantez les arbres fruitiers à racines nues. Enrichissez la terre avec du compost et de la corne broyée. Tuteurez les pleins-vents. N'enterrez pas les points de greffe. Apportez 1 à 2 arrosoirs d'eau par arbre. Quand toutes les feuilles des fruitiers sont tombées, pulvérisez de la bouillie bordelaise. Bouturez les figuiers en prélevant des rameaux avec une crossette.

Le 30, ne jardinez pas après 11 h 55.

Dans le Midi, plantez les échalotes 'Jermor', 'Longor', 'Mikor' et partout 'Griselle'. Séparez les rangs de 25 cm et les caïeux de 15 cm, la pointe à peine enterrée. Plantez aussi l'ail blanc et violet. Selon vos besoins, arrachez les crosnes, salsifis, scorsonères, raiforts, topinambours, panais et poireaux. Paillez le sol pour continuer les récoltes même s'il gèle. Bêchez les sols lourds sans briser les mottes, le gel s'en chargera.

Raccourcissez les grands rosiers arbustifs. Traitez-les tous à la bouillie bordelaise.

Le calendrier

Les nœuds lunaires ascendants ou descendants et les périodes de lunes montantes ou descendantes correspondent à des notions différentes. Ainsi peut-on avoir un nœud descendant en période de lune montante et inversement.

Vos observations personnelles

Novembre 2013

Décembre 2013

Lune descendante

● 0 h 22
16 h 35

Périgée 10 h 09

Lune montante

◐ 15 h 12

☍ 10 h 09

	♎	**dimanche 1**
10 h 23		**lundi 2**
	♏	**mardi 3**
0 h 52		**mercredi 4**
	♐	**jeudi 5**
8 h 20		**vendredi 6**
	♑	**samedi 7**
1 h 05		**dimanche 8**
	♒	**lundi 9**
7 h 32		**mardi 10**
	♓	**mercredi 11**
		jeudi 12
19 h 05		**vendredi 13**
	♈	**samedi 14**
17 h 25		**dimanche 15**
	♉	**lundi 16**

Nettoyez les massifs, coupez les tiges fanées des vivaces. Broyez-les et portez-les au compost, sauf si elles sont malades. Ne taillez pas les graminées et les plantes peu rustiques.

Forcez une autre série d'endives. Finissez d'installer les choux cabus. Plantez les lierres, vignes vierges devant un mur, les troènes, éléagnus, charmes, hêtres, en haie.

Le 4, ne jardinez pas avant 15 h 10.
Dans les régions douces, semez les fèves et les pois à grains ronds. Dans le Midi, récoltez les olives si elles n'étaient pas mûres le 16 novembre. Portez-les au moulin pour en extraire l'huile.

Dégermez les pommes de terre pour que les tubercules ne se vident pas de leurs réserves.

À la maison, soignez vos azalées et cyclamens. En serre, en terrine, au chaud, semez les bégonias semperflorens et les pélargoniums.

Récoltez les choux de Bruxelles, la mâche, l'épinard, les laitues. Protégez les plus fragiles par un voile d'hivernage ou un tunnel. Dans un germoir ou une petite coupelle, faites germer des lentilles, des pois chiches, du soja. Vous dégusterez les jeunes pousses riches en vitamines et en minéraux. À la maison au chaud, en pot ou en terrine, semez quelques pépins d'agrumes, orange, citron, pomelo. Vous obtiendrez de jolies plantes vertes à l'allure exotique qui ne donneront pas de fruits.

Le 13, ne jardinez pas avant 15 h 10.
En régions douces, semez les pois à grains ronds et les mangetout. Pour obtenir des porte-greffes, stratifiez des pépins de pommes et de poires en pots remplis de sable.

Sous châssis, semez quelques radis ronds 'Gaudo', 'Gaudry 2' et des carottes courtes. Éclaircissez quelques jours après la levée en conservant un plant tous les 5 cm. Aérez par temps doux.

Les nœuds lunaires ascendants ou descendants et les périodes de lunes montantes ou descendantes correspondent à des notions différentes. Ainsi peut-on avoir un nœud descendant en période de lune montante et inversement.

Le calendrier

Vos observations personnelles

Décembre 2013

Décembre 2013

Lune montante

0 h 56
☺ 9 h 28
☉ ♐ — 4 h 22 —

Apogée 23 h 48 — 2 h 51 —

Solstice d'hiver 17 h 11
— 22 h 49 —

Lune descendante

◐ 13 h 48

— 21 h 33 —

☊ 0 h 20 — 4 h 01 —

— 21 h 30 —

4 h 17
Lune montante
— 12 h 07 —

♉	lundi **16**
	mardi **17**
	mercredi **18**
♊	jeudi **19**
	vendredi **20**
♋	samedi **21**
	dimanche **22**
♌	lundi **23**
	mardi **24**
	mercredi **25** Noël
♍	jeudi **26**
	vendredi **27**
♎	samedi **28**
	dimanche **29**
♏	lundi **30**
♐	mardi **31**

Contrôlez les légumes conservés en silo. Éliminez au plus vite ceux qui pourrissent avant qu'ils ne contaminent les autres. Lorsque le futur plan du potager pour 2014 est arrêté, déterminez les semences nécessaires et achetez-les rapidement, le choix sera plus important.

Le 19, ne jardinez pas après 18 h 45.

S'il ne gèle pas, plantez les rosiers et les arbustes à fleurs à racines nues. Buttez les points de greffe des rosiers nouvellement plantés. Prélevez les églantiers et mettez-les en place. Vous les grefferez l'été prochain.

Forcez une autre série d'endives, au jardin ou en cave dans une caisse. Comblez les vides avec de la terre et couvrez d'un plastique noir.

Débutez la taille des fruitiers de plein vent. Coupez les gourmands, aérez la ramure en enlevant quelques branches âgées moins productives. Brossez les troncs pour enlever les mousses et lichens. Brûlez-les. Apportez du compost et un engrais à décomposition lente à la périphérie de la ramure, en ouvrant des trous à la barre à mine. Arrachez et replantez les rejets de framboisiers pour renouveler les plants.

Continuez la préparation des sols lourds. Bêchez sans casser les mottes. Au printemps, vous terminerez le travail du gel en affinant et en aplanissant la terre. Selon vos besoins, récoltez les crosnes, panais, topinambours, salsifis, scorsonères. Repérez quelques beaux pieds de crosne, de raifort et de topinambour à conserver pour redémarrer la culture au printemps prochain. En régions douces, plantez l'ail blanc et violet.

Le 28, ne jardinez pas avant 5 h 20.

S'il ne gèle pas, taillez les clématites à floraison estivale. Coupez une tige sur deux à 30-40 cm du sol. À la maison, plantez des amaryllis en pots. Enterrez à moitié les bulbes dans un mélange léger.

Hors période de gel, élaguez les grands arbres caducs. Curetez les suçoirs du gui. Mastiquez les plaies et les coupes de plus de 5 cm de diamètre. Taillez les noisetiers. Gardez les belles rames comme tuteurs.

Bonne année !

Le calendrier

Les nœuds lunaires ascendants ou descendants et les périodes de lunes montantes ou descendantes correspondent à des notions différentes. Ainsi peut-on avoir un nœud descendant en période de lune montante et inversement.

Vos observations personnelles

Décembre 2013

La météo de votre jardin

VOTRE CARNET DE BORD MÉTÉO

Vous constatez souvent certaines différences entre les prévisions de la météo nationale ou régionale et le temps qu'il fait « chez vous ». Ces indications demandent en effet à être affinées.
Quels moyens avons-nous à notre disposition pour mieux prévoir le temps sur notre lieu de vie ? Ils sont multiples mais nous allons nous limiter aux plus simples, aux plus naturels.

Les indices

Dans votre environnement, une proche montagne, un arbre, une haie, un mur vous protègent de certains vents. À l'inverse, une vallée, une autoroute canalisent d'autres courants importants. La présence d'un lac, par exemple, entraîne un mouvement ascensionnel de l'air non négligeable. L'altitude du lieu et d'autres facteurs locaux jouent aussi leurs rôles. Si les microclimats sont infinis, votre jardin est unique : sa météo aussi.
Va-t-il faire beau ? Va-t-il pleuvoir ? Devrai-je arroser ce soir ? Ensemble, regardons le ciel : c'est là que se fait la pluie, le beau temps, le chaud, le froid.
Une lune claire entourée d'un halo, un soleil voilé au couchant, annoncent la pluie. Vous connaissez le vent du beau temps qui chasse les nuages, dégage le ciel, laisse briller le soleil, et celui de la pluie qui véhicule les odeurs de telle usine, le carillon de tel clocher et dessine minutieusement le contour de telle montagne habituellement estompée dans les lointains. Et puis, les insectes, les oiseaux sentent la pluie ou l'orage et se manifestent de différentes façons que nous pouvons observer.
La forme des nuages peut aussi vous aider. Reportez-vous aux livres spécialisés qui en présentent des photos caractéristiques.

Les courbes soli-lunaires
Comment les utiliser

Les graphiques soli-lunaires suivants sont gradués tous les cinq degrés. Le 0° figure l'équateur. Les déclinaisons sont positives au-dessus, négatives au-dessous. Pour avoir les graphiques de l'hémisphère Sud, il vous suffit de retourner le tableau.
• Les dates, phases lunaires, nœuds lunaires, périgées et apogées de la Lune, les prédictions pour Brest des coefficients des marées sont portés en haut.
• Vous trouvez la courbe du Soleil en rouge, celle de la Lune en bleu.
• À l'image de l'exemple page 92, notez chaque jour vos remarques : couleur du ciel, pluie, soleil, beau, variable, direction du vent, température minimale de la nuit, maximale du midi solaire.
Plus vous serez précis, plus vos prévisions seront justes et votre plaisir renouvelé à l'écoute de la nature et des mouvements du ciel.
Votre carnet de bord constitue un document fort utile à votre expérience de jardinier. Il vous servira d'une année sur l'autre, enrichira votre expérience et vous permettra de mieux planifier vos travaux saisonniers et quotidiens.
Communiquez-nous les renseignements intéressants que vous notez. Nous pourrons les utiliser en mentionnant leur provenance.

Le Soleil

Le 1er janvier, à 0 h, la déclinaison* du Soleil est de – 23° 03' (voir les courbes des pages 93 et 94). Il « émerge » de son point le plus bas au solstice d'hiver.

À l'équinoxe de printemps, la courbe du Soleil coupe l'équateur (p. 96) : le jour et la nuit sont de même durée. Sa déclinaison devient positive, la température s'élève peu à peu, la sève monte dans les végétaux, les fleurs s'épanouissent.

Le Soleil atteint son point maximal (+ 23° 26') au solstice d'été le 21 juin (p. 99), avant d'amorcer sa descente, de franchir à nouveau l'équateur à l'équinoxe d'automne (p. 102) et de retrouver son niveau le plus bas au solstice d'hiver, 23° 26' (p. 105).

Sa marche régulière, identique chaque année, règle son temps de présence au-dessus de nous, son rayonnement, la température, la montée et la descente de la sève.

La Lune

La Lune poursuit son mouvement habituel toujours différent d'une année sur l'autre par rapport à la Terre, au Soleil et au plan de l'équateur, apportant de nombreuses variations.

Descendante les premiers jours de l'année, elle arrive au lunistice** inférieur à la fin de la constellation du Scorpion, le 9 janvier à 15 h 17. Elle reprend son mouvement ascendant, franchit l'équateur le 16 pour atteindre le lunistice supérieur le 23 janvier à 5 h 12 devant la constellation du Taureau, la plus haute dans le ciel de notre hémisphère Nord.

Il s'écoule bien entendu 13 jours, 15 heures, 15 minutes et 30 secondes entre deux lunistices (9, 23) et les passages à l'équateur (16, 30), le cycle complet de la révolution sidérale étant de 27 jours, 7 heures, 43 minutes et 11 secondes 5/10e.

Les changements de temps, s'ils doivent avoir lieu, se produisent habituellement aux lunistices, plus particulièrement le troisième jour.

Prenons un exemple en avril

Notez bien le temps qu'il fait dans votre jardin les 15, 16, 17 avril et plus particulièrement le 17.

• S'il fait beau, si le vent vient du côté du beau temps, cela devrait durer jusqu'à la nouvelle lune du 25.

• Si le temps est variable le 17, un temps changeant avec nuages, pluies, éclaircies devrait s'établir. Ajoutons que les jours où la Lune coupe l'équateur (21), de légers changements peuvent se produire.

Aucun système n'est infaillible en météorologie. Essayez celui-ci. Espérons qu'il vous aidera.

---

* déclinaison : distance d'un astre au plan de l'équateur céleste (ligne horizontale à 0° sur les graphiques).
** lunistice : époque où la Lune atteint son plus grand éloignement angulaire du plan de l'équateur.

Exemple d'utilisation des courbes

Chaque tableau des courbes mensuelles comporte des divisions journalières pour vous permettre de noter les dominantes climatiques que vous constatez. Vous constituerez ainsi un petit journal de la météo chez vous.

jour	coeff. marée	Précipitations jour	Précipitations cumul	Températures mini.	Températures maxi.	Vent	Pression hPa	Qualité du temps
30 jeu.	70 74			12	22	NO	1030	Assez beau
29 mer.	60 65	3	49,5	15	18		1030	Gris puis éclaircies
28 mar.	51 56			20	30	NO	1029	Beau puis couvert
27 lun.	44 47			20	30		1029	Beau
26 dim.	39 41			17	28		1031	Très beau
25 sam.	39			13	24		1034	Très beau, chaud
24 ven. ap.	42 40			10	19	NO	1034	Assez beau à nuageux
23 jeu. DQ	48 45			12	16	NO	1032	Plus ou moins couvert
22 mer.	57 53	2	46,5	18	19,5		1030	Gris, éclaircies, averses
21 mar.	66 62			15	25		1029	Beau puis nuageux, lourd
20 lun.	75 71			11	21,5		1029	Beau
19 dim.	82 79			9	16		1029	Couvert puis beau
18 sam.	88 85	7	44,5	10	14	SO/O	1025	Gris à couvert, pluie
17 ven.	90 89			11	20	SO	1024	Assez beau à couvert
16 jeu.	90 91	12	37,5	14	16		1029	Averses le matin puis éclaircies
15 mer. PL	86 88			14	21		1028	Soleil et nuages
14 mar.	80 83			13	22		1029	Assez beau, brumeux
13 lun.	72 76	4,5	25,5	12	20		1026	Beau
12 dim. pér.	65 69			10	15		1025	Assez beau
11 sam.	61 63			8	12		1023	Couvert
10 ven.	60 60			9	13		1024	Gris à couvert
9 jeu. PQ	61 60			11	15		1026	Beau
8 mer.	65 63			10	14		1024	Assez beau
7 mar.	71 68	14	21	12	19		1017	Gris le matin, pluie l'après midi
6 lun.	76 73			12	19		1018	Belles éclaircies et nuages
5 dim.	79 78			13	19		1020	Ciel bleu avec nuages
4 sam.	81 80	3	7	13	20		1023	Assez beau, petit orage
3 ven.	81 81	4		12	19		1028	Assez beau, petit orage le soir
2 jeu.	78 80			9	16		1028	Assez beau
1 mer. NL	74 76			7	10	NE	1030	Éclaircies, ciel gris

Voici un exemple de météo relevée en juin 2011. Le troisième jour du lunistice, les 4 et 17 juin, vous donne une indication importante pour les 10 jours suivants..

En rouge : courbe et passage du Soleil devant le Taureau et les Gémeaux. En bleu : courbe et passage de la Lune devant les constellations.

La météo de votre jardin

Année 2013

Ce graphique vous permet de visualiser la grande courbe du Soleil, les petites courbes mensuelles de la Lune, leurs mouvements ascendants (périodes des semis) et descendants (périodes des travaux de la terre, des repiquages, des plantations).

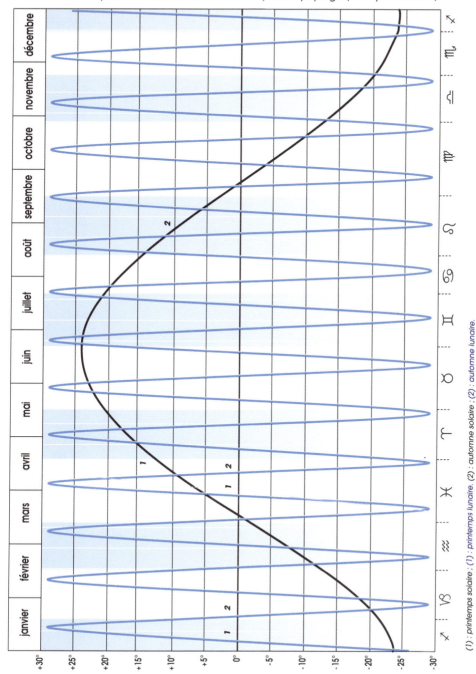

(1) : printemps solaire ; (1) : printemps lunaire. (2) : automne solaire ; (2) : automne lunaire.

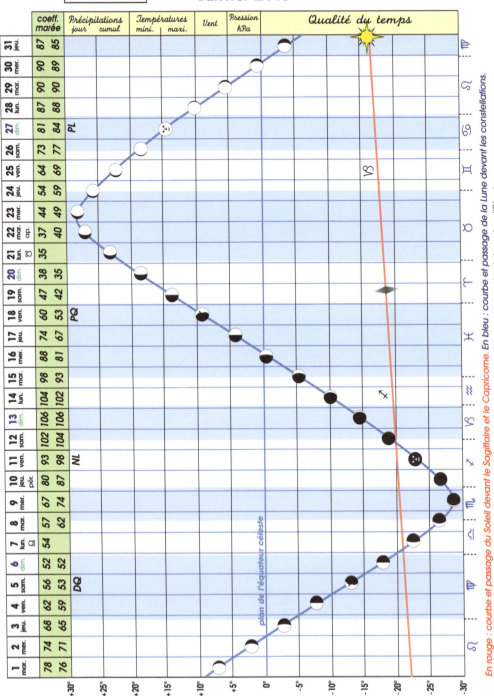

La météo de votre jardin

Février 2013

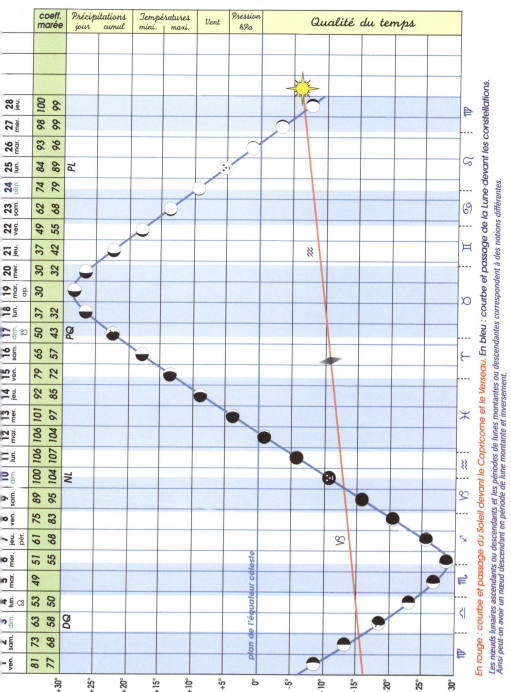

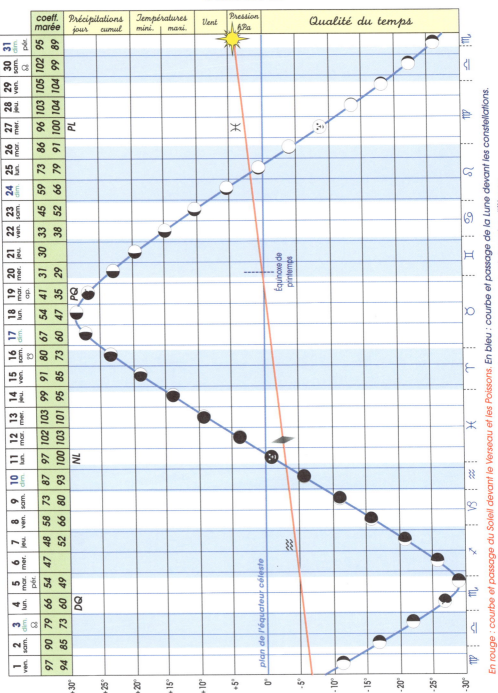

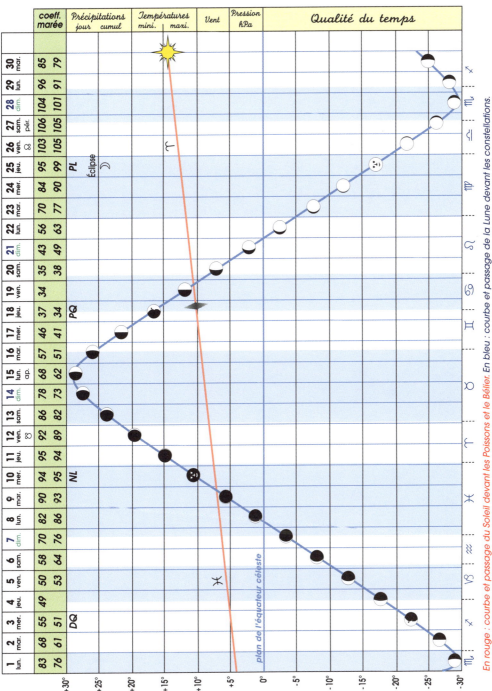

Mai 2013

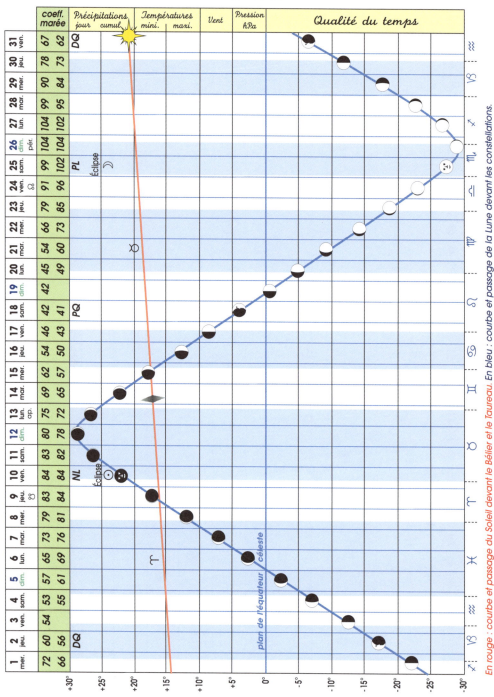

La météo de votre jardin

Juin 2013

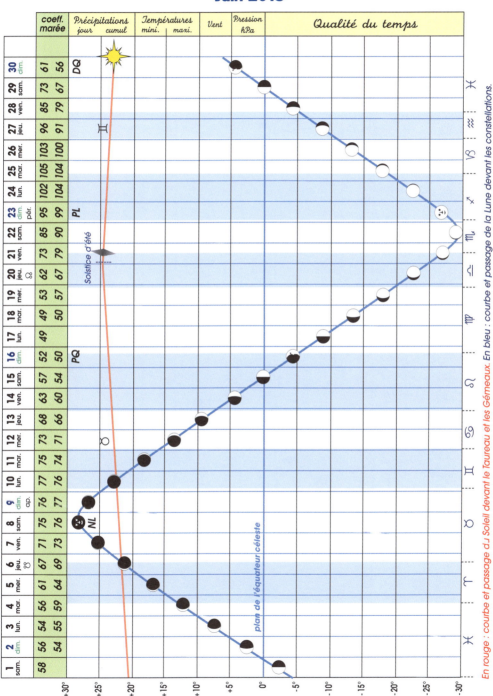

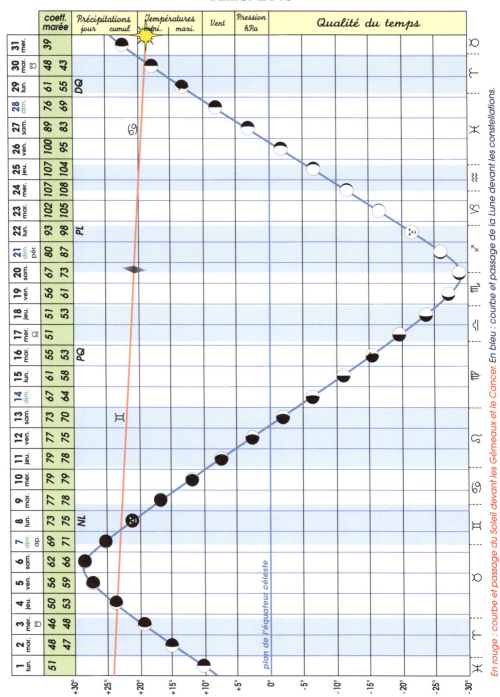

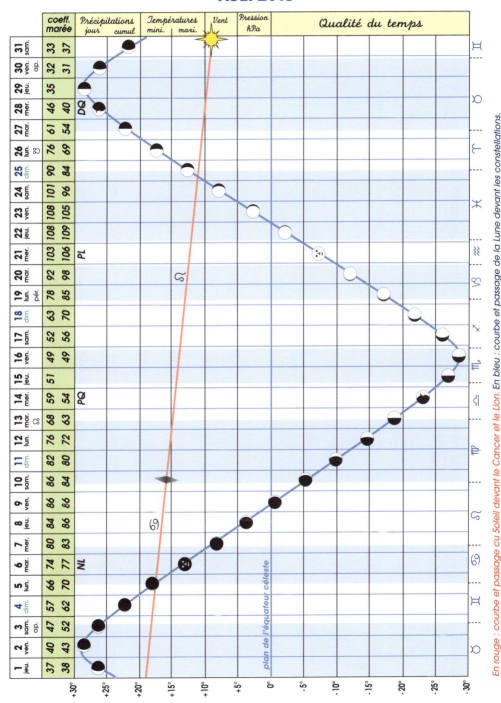

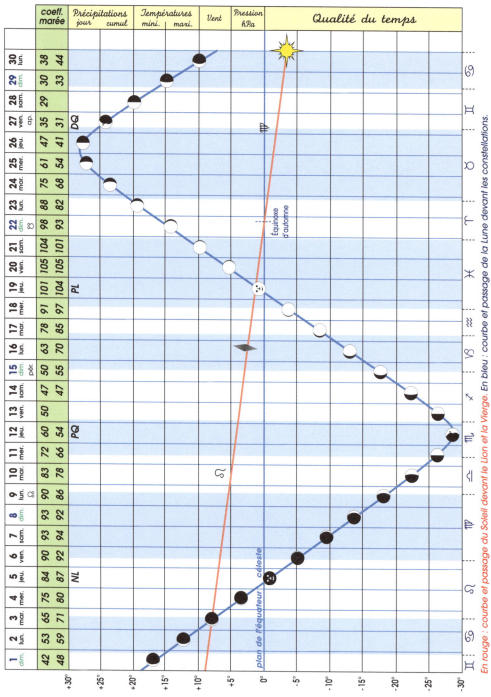

La météo de votre jardin

Octobre 2013

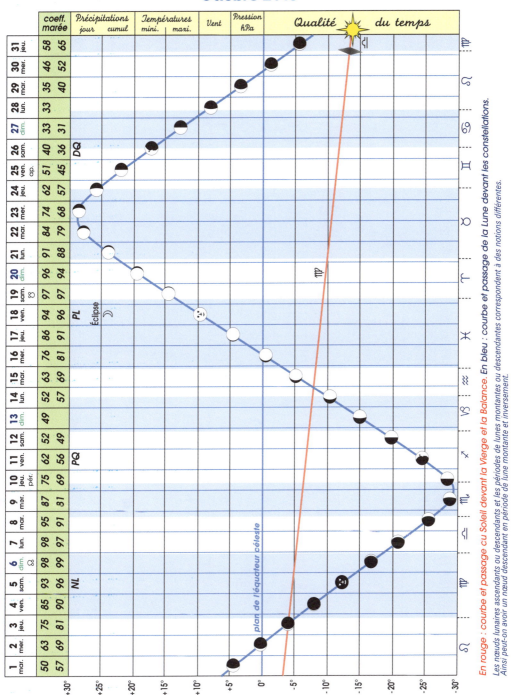

Novembre 2013

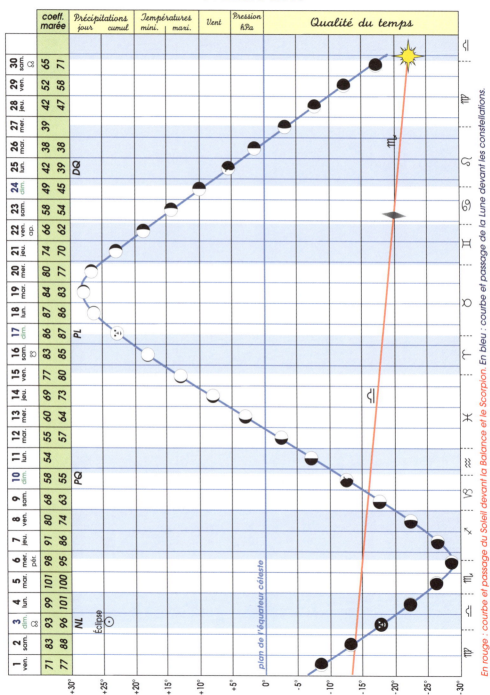

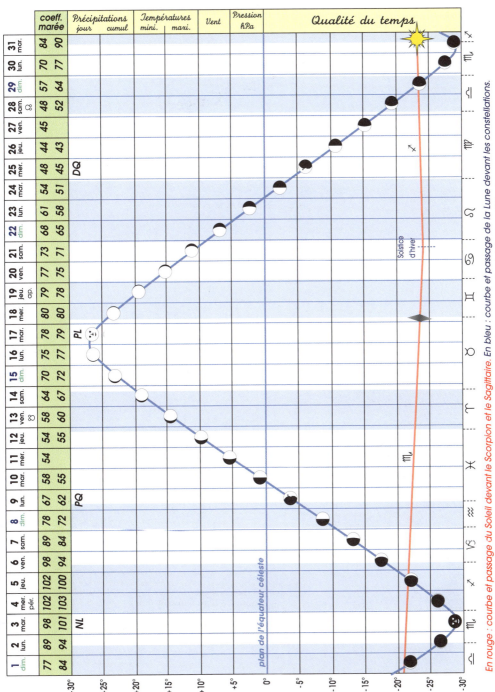

Les tableaux des cultures

LES TABLEAUX ANNUELS

Les tableaux annuels de culture donnent les meilleures dates de l'année pour semer, planter, tailler en suivant la Lune. À vous de décider du mode de culture, sous abri ou en pleine terre, selon le climat de votre jardin. Seul le calendrier (pp. 40-87) apporte toutes les précisions lunaires. Aux dates entourées, vous trouverez dans la partie calendrier quelques explications concernant le geste à effectuer. Les températures du sol correspondent aux semis en pleine terre (sauf indication contraire). Elles doivent être plus élevées pour les semis précoces effectués en terrines. Les dates de récoltes ne peuvent pas être suivies en permanence. Privilégiez-les pour les conserves.

AU POTAGER : les légumes-fleurs

- Semez et plantez en serre, sous abri ou en pleine terre selon la saison et le climat de votre jardin.
- Semez en Lune montante en Verseau ≈.
- Plantez, binez, buttez en Lune descendante en Gémeaux ♊ ou en Balance ♎.

	janv.	fév.	mars	avril	mai	juin	juil.	août	sept.	oct.	nov.	déc.
Artichaut												
• Débuttez. Conservez 2 œilletons par pied.			21	2 . 20 . 30	17 . 27							
• Plantez.				2 . 20 . 30	17 . 27				31	1 . 10 . 28	7	
• Arrosez, enrichissez, binez.				2 . 20 . 30	17 . 27	14 . 23	10 . 20	8 . 18	4 . 14 . 31	1 . 10 . 28		
• Récoltez.					3 . 31	27	24	21	17			
• Rabattez, buttez, couvrez.										7 . 24	4 . 21	1 . 18 . 28
Chou brocoli												
• Semez (sol à 15 °C*).			11	10	6	3 . 31	27	24				
• Arrosez en douceur, repiquez, binez.			21	2 . 20 . 30	17 . 27	14 . 23	10 . 20	8 . 18	4 . 14 . 31	1 . 10 . 28	7 . 24	
• Récoltez.							27	24	21	17	15	11
Chou-fleur												
• Semez (sol à 15 °C*).	14	11	10	6	3 . 31	27						
• Arrosez régulièrement, repiquez, binez.			3 . 21	2 . 20 . 30	17 . 27	14 . 23	10 . 20	8 . 18	4 . 14 . 31	1 . 10 . 28	7 . 24	
• Récoltez.					3 . 31	27	24	21	17	15	11	8

La culture du légume est expliquée à la date encerclée.

* Température idéale du sol pour une bonne germination.

AU POTAGER : les légumes-feuilles

- Semez et plantez en serre, sous abri ou en pleine terre selon la saison et le climat de votre jardin.
- Semez en Lune montante en Poissons ♓.
- Plantez, binez, buttez en Lune descendante en Cancer ♋ ou en Scorpion ♏.

	janv.	fév.	mars	avril	mai	juin	juil.	août	sept.	oct.	nov.	déc.
Asperge												
• Préparez et enrichissez le sol.	8 . 27									9 . 27	5 . 23	
• Plantez des griffes de 1 ou 2 ans.		5 . 23	4 . 22 . 31	1 . 19 . 28								
• Binez, buttez.			4 . 22 . 31	1 . 19 . 28								
• Récoltez les anciennes plantations.				8	5							
• Coupez, brûlez, débuttez, apportez du compost.										9 . 27	5 . 23	
Cardon												
• Préparez et enrichissez le sol.			4 . 22 . 31	1 . 19 . 28						9 . 27	5 . 23	
• Semez (sol à 10 °C*).					5	1						
• Éclaircissez, binez, arrosez.					25	12 . 21	10 . 19	6 . 15				
• Buttez, blanchissez.							6 . 15	2 . 12 . 29	9 . 27	5 . 23		
• Récoltez.								19	16	12	10	
Céleri à côtes												
• Préparez et enrichissez le sol.		5 . 23	4 . 22 . 31							9 . 27	5 . 23	
• Semez (sol à 12 °C*).		12	12	8	5							
• Repiquez, plantez, binez.				1 . 19 . 28	16 . 25	12 . 21	10 . 19	6 . 15	2 . 12 . 29			
• Buttez, blanchissez.							10 . 19	6 . 15	2 . 12 . 29	9 . 27	5 . 23	
• Récoltez.								22	19	16	12	10
Endive												
• Replantez, forcez. Établissez plusieurs vagues de forçage selon vos besoins.										9 . 27	5 . 23	3 . 20 . 30
Épinard												
• Préparez et enrichissez le sol.	8 . 27	5 . 23	4 . 22 . 31			21	10 . 19	6 . 15	2 . 12 . 29	9 . 27	5 . 23	
• Semez (sol à 12 °C*).		12	12	8		1 . 26		22	19	16		
• Éclaircissez, binez.			4 . 22 . 31	1 . 19 . 28	16 . 25	12 . 21	10 . 19	6 . 15	2 . 12 . 29	9 . 27	5 . 23	
• Récoltez.	16	12	12	8	5	1 . 29				16	12	10
Fenouil doux												
• Préparez et enrichissez le sol.			4 . 22 . 31							9 . 27	5 . 23	
• Semez (sol à 12 °C*).					5	1 . 29	1 . 26	22				
• Éclaircissez, plantez, buttez.					16 . 25	12 . 21	10 . 19	6 . 15	2 . 12 . 29			
• Récoltez.							1 . 26	22	19	16	12	10
Poirée												
• Préparez et enrichissez le sol.			4 . 22 . 31							9 . 27	5 . 23	
• Semez (sol à 10 °C*).				8	5	1 . 29						
• Éclaircissez, binez.					16 . 25	12 . 21	10 . 19	6 . 15	2 . 12 . 29	9 . 27		
• Récoltez.			12	8	5		1 . 26	22	19	16	12	

La culture du légume est expliquée à la date encerclée.

* Température idéale du sol pour une bonne germination.

AU POTAGER : *des choux toute l'année*

- Semez et plantez en serre, sous abri ou en pleine terre.
- Semez en Lune montante en Poissons ♓.
- Éclaircissez, repiquez, plantez, binez en Lune descendante en Cancer ♋ ou en Scorpion ♏.

		janv.	fév.	mars	avril	mai	juin	juil.	août	sept.	oct.	nov.	déc.
Chou de Bruxelles													
'Génius'	Préparez et enrichissez le sol.			5 . 23	4 . 22 . 31	1 . 19 . 28					9 . 27	5 . 23	
'Rubine'	Semez en pépinière.			12		⑧	5	①					
'Sanda'	Repiquez en pépi., entretenez.				1 . 19 . 28	16 . 25	12 . 21						
	Plantez, entretenez.				19 . 28	16 . ㉕	12 . 21	10 . 19	6 . 15	2 . 12 . 29	9 . 27		
	Récoltez.	16	12	12						19	16	⑫	⑩
Chou cabus													
'Cœur de bœuf'	Préparez et			5 . 23	4 . 22 . 31	1 . 19 . 28					9 . 27	5 . 23	
'Express'	enrichissez le sol.												
'Prospera'	Semez à chaud.	16	⑫										
	Repiquez en pépi., entretenez.			5 . 23	4 . 22								
	Plantez, entretenez.				4 . 22 . 31	1 . 19 . 28	16 . 25	12					
	Récoltez.						5	1 . 29					
'de Brunswick'	Semez en pépinière.				12	⑧	5		22	19			
'Quintal d'Alsace'	Repiquez en pépi.,					1 . 19 . 28	16 . 25	12 . 21	6 . 15	2 . 12 . ㉙	9		
'Tête noire',	entretenez.												
'Tête de pierre'	Plantez, entretenez.					16 . ㉕	12 . 21	10 . 19	6 . 15	2 . 12 . 29	9 . ㉗	5 . 23	③
	Récoltez.						1 . 29	1 . 26	22	19	16	12	10
Chou de Chine													
'Granaat'	Préparez et					1 . 19 . 28	16 . 25	12 . 21					
'Monument'	enrichissez le sol.												
'Yuki'	Semez en place en poquet.							1 . 26	22	19			
	Éclaircissez, entretenez.							19	6 . 15	2 . 12 . 29	9 . 27		
	Récoltez.									19	16	12	10
Chou frisé non pommé													
'Redbor'	Préparez et			5 . 23	4 . 22 . 31	1 . 19 . 28					9 . 27	5 . 23	
'Reflex'	enrichissez le sol.												
'Vert demi-nain'	Semez en pépi.					⑧	5	1 . 29					
	Repiquez en pépi., entretenez.						16 . 25	12 . 21	10 . 19				
	Plantez, entretenez.							12 . 21	10 . 19	6 . 15	2 . 12 . 29	9 . 27	
	Récoltez.	16	12	12							16	12	10
Chou de Milan													
'de Pontoise 2'	Préparez et			5 . 23	4 . 22 . 31	1 . 19 . 28					9 . 27	5 . 23	
'Gros des vertus 4'	enrichissez le sol.												
'Wintessa'	Semez en pépi.				12	⑧	5	1 . 29					
	Repiquez en pépi., entretenez.					1 . 19 . 28	16 . 25	12 . ㉑	10 . 19				
	Plantez, entretenez.						16 . 25	12 . 21	10 . ㉑	6 . 15	2 . 12 . 29	9 . 27	
	Récoltez.	16	12	12					22	19	16	12	10

La culture du légume est expliquée à la date encerclée.

Les tableaux des cultures

AU POTAGER : *des salades toute l'année*

- Semez et plantez en serre, sous abri ou en pleine terre.
- Semez en Lune montante en Poissons ♓.
- Éclaircissez, repiquez, plantez, binez en Lune descendante en Cancer ♋ ou en Scorpion ♏.

		janv.	fév.	mars	avril	mai	juin	juil.	août	sept.	oct.	nov.	déc.
Les chicorées													
frisées													
'de Meaux'	Semez.			12	⑧	5	1.29	1.26	22				
'de Ruffec'	Repiquez, plantez, entretenez.			4.22.31	1.19.28	16.25	12.21	10.19	6.15	2.12.29	⑨.27	5.23	
scaroles													
'Grosse bouclée'	Semez.			12	⑧	5	1.29	1.26	22				
'Natacha'	Repiquez, plantez, entretenez.			4.22.31	1.19.28	16.25	12.21	10.19	6.15	2.12.29	9.27	5.23	
sauvages													
'Barbe-de-capucin'	Semez.					5	1.29	1.26	22				
'Pain-de-sucre'	Éclaircissez, entretenez.					16.25	12.21	10.⑲	6.15	2.12.29	9.27		
italiennes													
'Rouge de Trévise'	Semez.						1.29	1.26					
	Éclaircissez, entretenez.							10.19	6.15	2.12.29	9.27		
Les cressons													
Alénois	Semez.	16	12	12	8	5	1.29	1.26	22	19	16	12	10
de jardin	Semez.			12	8	5	1.29						
Les laitues													
à couper													
'Red Salad Bowl'	Semez.	16	12	12	8	5	1.29	1.26	22	19	16		
	Repiquez, plantez, entretenez.	8.27	5.23	4.22.31	1.19.28	16.25	12.21	10.19	6.15	2.12.29	9.27	5.23	
batavias													
'Rossia'	Semez.	16	12	⑫	8	5	1.29	1.26	22	19	16		
	Repiquez, plantez, entretenez.	8.27	5.23	4.22.31	1.19.28	16.25	12.21	10.19	6.15	2.12.29	9.27	5.23	
d'hiver													
'Brune d'hiver'	Semez.								22	19	⑯		
'Merveille d'hiver'	Repiq., plantez, entre.	8.27	5.23	4.22.31	1.19.28	16.25			6.15	2.12.29	9.27	5.23	3.20.30
pommées													
'Sucrine'	Semez.	⑯	⑫	⑫	8	5	1.29	1.㉖	22				
'Appia'	Repiquez, plantez, entretenez.	8.27	5.23	4.22.31	1.19.28	16.25	12.㉑	10.19	6.15	2.12.29			
romaines													
'Blonde maraîchère'	Semez.			12	8	5	1.29	1.26	22				
	Repiquez, plantez, entretenez.			23	4.22.31	1.19.28	16.25	12.21	10.19	6.15	2.12.29		
La mâche													
'Coquille de Louviers'	Semez.							1.㉖	22	⑲	⑯		
Le pissenlit													
'à Cœur plein amélioré'	Semez.			12	⑫	8	5	1.29					
	Arrachez, plantez.				1.19.28	16.25	12.21	10.19	6.15				
Le pourpier													
'Doré à larges feuilles'	Semez.		⑯	12	12	8	5	1.㉙	1.㉖	22			
La roquette													
	Semez.		12	12	8	5	1.29	1.26	22	19			

La culture du légume est expliquée à la date encerclée.

AU POTAGER : les plantes aromatiques

- Semez en Lune montante en Poissons ♓.
- Plantez, divisez, taillez en Lune descendante en Cancer ♋ ou en Scorpion ♏.

		janv.	fév.	mars	avril	mai	juin	juil.	août	sept.	oct.	nov.	déc.
Les vivaces													
Ache	Semez.								22				
	Éclaircissez.									2 . 12 . 29			
	Plantez, divisez.			4 . 22 . 31	1 . 19 . 28	16 . 25							
	Rabattez les touffes.										9 . 27	5 . 23	
Ciboule, ciboulette													
	Semez.				12	8							
	Éclaircissez, repiquez.				1 . 19 . 28	16 . 25							
	Plantez, divisez.			4 . 22 . 31	1 . 19 . 28	16 . 25				2 . 12 . 29	9 . 27	5	
Estragon	Plantez, divisez.			4 . 22 . 31	1 . 19 . 28	16 . 25							
	Rabattez, protégez.										9 . 27	5 . 23	
Laurier	Plantez, taillez.			4 . 22 . 31	1 . 19 . 28	16 . 25				2 . 12 . 29	9 . 27		
	Bouturez.								6 . 15	2 . 12 . 29	9		
Mélisse	Semez.					5	1 . 29						
	Plantez, divisez.			4 . 22 . 31	1 . 19 . 28	16 . 25				2 . 12 . 29	9 . 27		
Menthe	Plantez, divisez.			4 . 22 . 31	1 . 19 . 28	16							
	Rabattez les touffes.						12 . 21	10 . 19			9 . 27	5 . 23	
Origan	Semez.				12	8	5			19			
	Plantez, divisez.			4 . 22 . 31	1 . 19 . 28	16 . 25				2 . 12 . 29	9 . 27		
Oseille	Semez.		12	12	8	5	1 . 29						
	Plantez, divisez.			5 . 23	4 . 22 . 31	1 . 19 . 28	16 . 25					9 . 27	5	
Romarin	Plantez.			4 . 22 . 31	1 . 19 . 28	16 . 25							
	Bouturez.			4 . 22 . 31	1 . 19 . 28	16 . 25			6 . 15	2 . 12 . 29	9		
Sarriette	Plantez.			4 . 22 . 31	1 . 19 . 28	16 . 25				2 . 12 . 29			
	Bouturez.								6 . 15	2 . 12 . 29	9		
Sauge	Plantez, taillez.			4 . 22 . 31	1 . 19 . 28	16 . 25							
						16 . 25							
	Bouturez.								6 . 15	2 . 12 . 29	9		
Thym	Semez.				8	5							
	Plantez, divisez.				1 . 19 . 28	16 . 25				2 . 12 . 29	9 . 27		
	Taillez.						12 . 21	10 . 19	6 . 15				
Les annuelles													
Aneth	Semez clair.					8	5	1 . 29					
Basilic	Semez sous abri.				12	8							
	Plantez.				1 . 19 . 28	16 . 25							
Cerfeuil	Semez sous abri.	16	12								16		
	Semez au soleil.				12	8				19			
	Semez à l'ombre.					5	1 . 29	1 . 26	22				
	Éclaircissez, coupez les fleurs.			5 . 23	4 . 22 . 31	1 . 19 . 28	16 . 25	12 . 21	10 . 19	6 . 15	2 . 12 . 29	9 . 27		
Coriandre	Semez.					8	5			19			
Marjolaine	Semez.				12	8	5			19			
Persil	Semez.		12	12	8	5	1 . 29	1 . 26	22				
	Éclaircissez, coupez les fleurs.				4 . 22 . 31	1 . 19 . 28	16 . 25	12 . 21	10 . 19	6 . 15	2 . 12 . 29			

La culture du légume est expliquée à la date encerclée.

Les tableaux des cultures

AU POTAGER : les légumes-racines

- Semez et plantez en serre, sous abri ou en pleine terre selon la saison et le climat de votre jardin.
- Semez en Lune montante en Taureau ♉ ou en Capricorne ♑.
- Effectuez tous les autres travaux en Lune descendante en Vierge ♍.

	janv.	fév.	mars	avril	mai	juin	juil.	août	sept.	oct.	nov.	déc.
Ail												
• Plantez, binez.	4.31	(1).27	1.27							4.31	1.28	(26)
• Récoltez.					21	17	(14)	(11)	7			
Betterave												
• Semez (sol à 10 °C*).			17	5.13	2.11.29	7.26						
• Éclaircissez, binez.				23	21	17	14	11	7	4.31		
• Récoltez.							14	11	(7)	4.31	1.28	
Carotte												
• Semez (sol à 10 °C*).	13.21	9.18	8.17	5.13	2.11.29	7.26	4.23			13.21	9.18	7.15
• Désherbez, éclaircissez.	31	1.27	1.27	23	21	17	14	(11)	(7)	4.31	1.28	26
• Récoltez.			27	23		17	14	11	7	4.31	1.28	26
Céleri-rave												
• Semez (sol à 12 °C*).		9.18	8.17	5.13	2.11.29							
• Repiquez 2 fois, plantez.			1.27	23	21	17	14	11				
• Récoltez.								11	7	4.31	1.28	
Crosne												
• Plantez.		27	1.27	23								
• Binez, désherbez.			1.27	23	21	17	14	11	7	4.31		
• Récoltez.	4.31	1.27	1.27								1.28	26
Échalote												
• Plantez, désherbez.	4.31	(1).27	1.27	23	21	17	14			4.31	1.28	26
• Récoltez.							17	14	(11)			
Endive												
• Semez (sol à 14 °C*).					2.11.29	7.26						
• Éclaircissez, désherbez.					21	17	(14)	11	7	4.31		
• Arrachez pour replanter**.										4.31	1.28	
Navet												
• Semez (sol à 15 °C*).	13.21	9.18	8.17	5.13	2.11.29	7.26	4.23.31	1.19.28	16			
• Éclaircissez, binez, arrosez.	31	1.27	1.27	23	21	17	14	11	7	4.31		
• Récoltez.				23	21	17	14	11	(7)	4.31	1.28	
Oignon blanc												
• Semez (sol à 10 °C*).		9.18	8.17	5.13				19.28	16			
• Éclaircissez, plantez, binez.			27	23	21	17	14	11	7	4.31	1.28	
• Récoltez.				23	21	17	14	(14)				
Oignon de couleur												
• Semez (sol à 10 °C*).		9.18	8.17	5.13				19.28	16			
• Éclaircissez, plantez, binez.			27	23	21	17	14	11	7	4.31	1.28	
• Récoltez.					21	17	14	11				
Poireau												
• Semez (sol à 10 °C*).	13.21	9.18	8.17	5.13	2.11.29			19.28	16.24			
• Éclaircissez, plantez, binez.			1.27	23	21	17	14	11	7	4.31		
• Récoltez.	4.31	1.27	1.27		21	17	14	11	7	4.31	1.28	26
Pomme de terre												
• Plantez.		1.27	1.27	23								
• Buttez, binez, récoltez.		1.27	1.27	23	21	17	14	11	7			
Radis												
• Semez (sol à 12 °C*).	13.21	9.18	8.17	5.13	2.11.29	7.26	4.23.31	1.19.28	16.24	13.21	9.18	7.15
• Éclaircissez, récoltez.	31	1.27	1.27	23	21	17	14	11	7	4.31	1.28	26
Salsifis, scorsonère												
• Semez (sol à 15 °C*).			8.17	5.13	2.11.29			1.19.28				
• Éclaircissez, binez, pincez.				23	21	17	14	11	7			
• Récoltez.	4.31	1.27	1.27							4.31	1.28	26

La culture du légume est expliquée à la date encerclée.

* Température idéale du sol pour une bonne germination. ** Voir la suite en légumes-feuilles.

AU POTAGER : les légumes-fruits

- Semez et plantez en serre, sous abri ou en pleine terre selon la saison et le climat de votre jardin.
- Semez en Lune montante en Bélier ♈ ou en Sagittaire ♐.
- Effectuez tous les autres travaux en Lune descendante en Lion ♌.

	janv.	fév.	mars	avril	mai	juin	juill.	août	sept.	oct.	nov.	déc.
Aubergine												
• Semez (au chaud à 20 °C*).	11 . 19	⑧ . 16	6 . ⑮	2 . 11 . 30								
• Repiquez, plantez, taillez.			㉔	㉑	⑱	14	11	8	4			
• Récoltez.							2 . ㉒ . 29	17 . ㉕	13 . ㉓	11 . 20		
Concombre et cornichon												
• Semez (sol à 18 °C*).			6 . ⑮	2 . 11 . 30	1 . 8 . 27	5 . ㉔	②					
• Éclaircissez, plantez, taillez.			㉔	21	⑱	14	11	8	4			
• Récoltez.						㉔	2 . ㉒ . 29	17 . ㉕	13 . ㉓	11 . 20		
Courge et courgette												
• Semez (sol à 14 °C*).				2 . 11 . 30	1 . 8 . 27	5 . ㉔	2 . 22					
• Éclaircissez, plantez, taillez.				21	⑱	14	⑪	⑧	4			
• Récoltez.						㉔	2 . ㉒ . 29	17 . ㉕	13 . ㉓	11 . ⑳		
Fève												
• Semez (sol à 8-10 °C*).	11 . 19	8 . 16	6 . 15	2 . 11						11 . 20	7 . 16	5 . 14
• Binez, buttez, étêtez.	2 . 29	㉕	㉔	㉑	⑱	14					㉕	㉒
• Récoltez.					2 . 11 . 30	1 . 8 . 27	5 . ㉔	2 . ㉒ . 29	17			
Haricot												
• Semez (sol à 10-12 °C*).				30	1 . ⑧ . 27	5 . ㉔	2 . ㉒ . 29	⑰				
• Binez, buttez.					⑱	14	11	8	4	1		
• Récoltez.							2 . ㉒ . 29	17 . ㉕	⑬ . ㉓	11 . 20		
Melon												
• Semez (sol à 20 °C*).			6 . ⑮	2 . 11 . 30	1 . 8 . 27							
• Repiquez, plantez, taillez.				21	⑱	14	11	8				
• Récoltez.						㉔	2 . ㉒ . 29	17 . ㉕	13 . ㉓			
Piment et poivron												
• Semez (au chaud à 20 °C*).	11 . 19	⑧ . 16	6 . ⑮	2 . 11 . 30								
• Repiquez, plantez, taillez.		㉕	㉔	㉑	⑱	14	11	8				
• Récoltez.							2 . ㉒ . 29	17 . ㉕	13 . ㉓	11 . 20		
Pois à grains ridés												
• Semez (sol à 10 °C*).			6 . ⑮	2 . 11 . 30	1 . 8 . 27	5						
• Binez, buttez.			㉔	21	⑱	14	11					
• Récoltez.						5 . ㉔	2 . ㉒ . 29	17 . ㉕				
Pois à grains ronds												
• Semez (sol à 10 °C*).	11 . 19	⑧ . 16	6 . ⑮	2 . 11 . 30						11 . 20	7 . 16	5 . 14
• Binez, buttez.	2 . 29	㉕	㉔	㉑	18	14					㉕	㉒
• Récoltez.					2 . 11 . 30	1 . 8 . 27	5 . ㉔	2 . ㉒ . 29				
Tomate												
• Semez (sol à 16-20 °C*).		8 . 16	6 . ⑮	2 . 11								
• Repiquez, plantez, taillez.		㉕	㉔	㉑	⑱	14	11	8	4			
• Récoltez.					27		5 . ㉔	2 . ㉒ . 29	17 . ㉕	13 . ㉓	11 . 20	
Fraisier												
• Plantez.				24	㉑				4	1 . 29		
• Récoltez.						27	5 . ㉔	2 . ㉒ . 29	17 . ㉕	⑬ . ㉓	11 . 20	

La culture du légume est expliquée à la date encerclée.

* Température idéale du sol pour une bonne germination.

Les tableaux des cultures

AU VERGER : *les fruitiers et les petits fruits*

- Plantez, taillez, traitez, éclaircissez, bouturez en Lune descendante en Lion ♌.
- Greffez en Lune montante en Bélier ♈ ou en Sagittaire ♐.

	janv.	fév.	mars	avril	mai	juin	juil.	août	sept.	oct.	nov.	déc.
Les arbres et arbustes à fruits												
Plantez												
• Préparez les trous de plantation, fertilisez.	2 . 29	25	24	21				8	4	1 . 29	25	22
• Installez les arbres fruitiers et les arbustes à petits fruits.	2 . 29	25	24	21					4	1 . 29	25	22
Taillez												
• Les arbres à pépins (pommiers, poiriers) et la vigne.	2 . 29	25	24								25	22
• Les abricotiers, pêchers.		25	24									
• Les petits fruits.		25	24			11	8	4				
• En vert, pommiers, poiriers, vigne.				18	14	11	8					
• Après la récolte, les abricotiers, pêchers.							8	4				
Traitez tous les arbres												
• À l'huile blanche, en hiver.	2 . 29	25									25	22
• À la bouillie bordelaise fois par an : avant le débourrement et à la chute de feuilles.		25	24							1 . 29	25	
Éclaircissez												
• les pommiers, poiriers, pêchers...					18	14						
Multipliez												
• Bouturez les petits fruits.	2 . 29	25	24							1 . 29	25	22
• Greffez les fruitiers.			6 . 15	2 . 11 . 30		24	2 . 22 . 29	17 . 25				
• Marcottez la vigne, l'actinidia.			24	21	18	14						
Les oliviers												
• Plantez.			24									
• Taillez, traitez.			24							1 . 29	25	
• Fertilisez.				21	18	11				1 . 29		

LE BOIS D'ŒUVRE ET DE CHAUFFAGE

	janv.	fév.	mars	avril	mai	juin	juil.	août	sept.	oct.	nov.	déc.
Abattez les grands arbres, débitez les troncs, fendez les bûches,	en Lune descendante : du 1 au 9 janvier, du 23 au 31 janvier, du 1 au 5 février, du 20 au 28 février, du 1 au 4 mars, du 19 au 31 mars.									en Lune descendante : du 1 au 9 octobre, du 23 octobre au 5 novembre, du 20 novembre au 3 décembre, du 17 au 30 décembre.		

La culture de la plante est expliquée à la date encerclée.

AU JARDIN D'ORNEMENT : toutes les fleurs

- Éclaircissez, repiquez, plantez, taillez, bouturez, marcottez, divisez, fertilisez en Lune descendante en Gémeaux ♊ ou en Balance ♎.
- Semez, greffez en Lune montante en Verseau ♒.

		janv.	fév.	mars	avril	mai	juin	juil.	août	sept.	oct.	nov.	déc.
Les rosiers	Plantez.	7 . 25	3 . 21	2 . 20 . 30								4 . 21	1 . 18
'Annapurna',	Taillez les remontants,		3 . 21	2 . 20 . 30								4 . 21	
'Iceberg',	les non remontants,							8 . 18	4 . 14 . 31				
'The Fairy', 'Amber Queen',	les fleurs fanées.					14 . 23	10 . 20	8 . 18	4 . 14 . 31	1 . 10 . 28	7 . 24		
'Pierre de Ronsard',	Bouturez.								4 . 14 . 31	1 . 10 . 28			
'le Grand Huit',	Fertilisez.		3 . 21	2 . 20 . 30								4 . 21	1 . 18
'Westerland'...	Greffez en écusson.							24	㉑	⑰			
Les grimpantes vivaces													
Clématite,	Plantez.		3 . 21	2 . 20 . 30	17 . 27					1 . 10 . 28	7 . 24	4 . 21	1 . 18
chèvrefeuille,	Taillez.		3 . 21	2 . 20 . 30								4 . 21	1 . 18
glycine...	Marcottez.					14 . 23	10 . 20	8 . 18	4 . 14 . 31				
Les arbustes à floraison printanière ou estivale													
Magnolia,	Plantez.	7 . 25	3 . 21	2 . 20 . 30	17 . 27					1 . 10 . 28	7 . 24	4 . 21	1 . 18
forsythia,	Taillez.			2 . 20 . 30	17 . 27	14 . 23	10 . 20				7 . 24		
lilas, deutzia,	Bouturez.			2 . 20 . 30	17 . 27	14 . 23	10 . 20	8 . 18	4 . 14 . 31	1 . 10 . 28			
rhododendron,	Fertilisez.		3 . 21	2 . 20 . 30							7 . 24	4 . 21	
hortensia...	Greffez.		11	10			27	24	21	17			
Les fleurs annuelles													
Capucine,	Semez.	14	⑪	10	6	3 . 31	27		21	17	15		8
pétunia, zinnia, clarkia...	Éclaircissez, repiquez, plantez.		21	2 . 20 . 30	17 . 27	14 . 23	10 . 20	8 . 18		1 . 10 . 28	7 . 24	4	
Les fleurs bisannuelles													
Giroflée, myosotis,	Semez.					31	27	24	㉑				
pâquerette, pensée...	Éclaircissez, repiquez, plantez.						10 . 20	8 . 18	4 . 14 . 31	1 . 10 . 28	7 . 24	4	
Les fleurs vivaces													
Pavot d'Orient,	Semez.						27	24	21	17	15		
rose trémière, ancolie,	Éclaircissez, repiquez, plantez.			2 . 20 . 30	17 . 27			8 . 18	4 . 14 . 31	1 . 10 . 28	7 . 24	4 . 21	
aster, pivoine...	Divisez.			2 . 20 . 30	17 . 27				4 . 14 . 31	1 . 10 . 28	7 . 24	4 . 21	
Les bulbes vivaces													
- à floraison printanière :													
Perce-neige, crocus,	Plantez.		3 . 21	2 . 20 . 30						1 . 10 . 28	7 . 24	4 . 21	
anémone, narcisse, jacinthe, tulipe...	Divisez.		3 . 21	2 . 20 . 30		14 . 23	10 . 20						
- à floraison estivale :													
Lis de la Madone.	Plantez.								4 . 14 . 31	1 . 10 . 28	7		
Autres lis.	Plantez.		3 . 21	2 . 20 . 30							7 . 24	4 . 21	
Canna, dahlia, glaïeul...	Plantez.	7 . 25	3 . 21	2 . 20 . 30	17 . 27	14 . 23	10 . 20						
	Pincez.						10 . 20	8 . 18	4 . 14 . 31	1 . 10 . 28			
	Arrachez.										7 . 24	4 . 21	
Les rhizomes vivaces													
Iris...	Plantez, divisez.							8 . 18	4 . 14 . 31	1 . 10 . 28			

La culture de la plante est expliquée à la date encerclée.

AU JARDIN D'ORNEMENT :

- Plantez, taillez, élaguez, coupez les tuteurs, débroussaillez, bouturez en Lune descendante en Cancer ♋ ou en Scorpion ♏.

Les tableaux des cultures

les arbres, arbustes, grimpantes à feuilles

		janv.	fév.	mars	avril	mai	juin	juil.	août	sept.	oct.	nov.	déc.
Conifères	Plantez.	8		4.22.31	1.19.28					2.12.29	9.27		
Cèdre, cyprès,	Taillez.			4.22.31	1.19.28				6.15	2.12.29			
thuya, pin, sapin…	Bouturez.								6.15	2.12.29			
Arbres, arbustes à	Plantez.		5.23	4.22.31	1.19.28					2.12.29	9.27	5.23	3
feuillage persistant	Taillez.		5.23	4.22.31	1.19.28	16.25	12.21		6.15	2.12.29			
Buis, éléagnus, fusain, houx, laurier-palme…	Bouturez.		5.23	4.22.31					6.15	2.12.29			
Arbres, arbustes	Plantez.	8.27	5.23	4.22.31	1.19.28					2.12.29	9.27	5.23	3.20.30
feuillage caduc	Taillez.		5.23	4.22.31	1.19.28		12.21	10.19	6.15	2.12.29			
Bouleau, charme, érable, hêtre,	Élaguez.	8.27	5.23									5.23	3.20.30
peuplier, platane,	Coupez les tuteurs.	8.27	5.23									5.23	3.20.30
prunellier, saule…	Débroussaillez.						12.21	10.19	6.15				
	Bouturez.		5.23	4.22.31			12.21	10.19	6.15	2.12.29	9.27	5.23	
Grimpantes à feuillage	Plantez.			4.22.31	1.19.28					2.12.29	9.27	5.23	3
caduc ou persistant	Taillez.			4.22.31		16.25	12.21	10.19	6.15	2.12.29			
Lierre, vigne vierge…	Bouturez.			4.22.31	1.19.28						9.27	5.23	

- Semez en Lune montante en Poissons ♓.
- Effectuez tous les autres travaux en Lune descendante en Cancer ♋ ou en Scorpion ♏.

la pelouse

		janv.	fév.	mars	avril	mai	juin	juil.	août	sept.	oct.	nov.	déc.
La nouvelle pelouse	Préparez le sol.		5.23	4.22.31	1.19.28			10.19	6.15				
	Étalez du compost.		5.23	4.22.31	1.19.28			10.19	6.15				
	Nivelez, ratissez, roulez.		5.23	4.22.31	1.19.28			10.19	6.15	2.12			
	Semez.				8	5				19			
Entretien annuel	Scarifiez.			4.22.31	1.19.28					2.12.29			
	Désherbez.			4.22.31	1.19.28	16.25				2.12.29	9.27		
	Fertilisez.			4.22.31	1.19.28					2.12.29			3.20.30
	Tondez, arrosez.				1.19.28	16.25	12.21	10.19	6.15	2.12.29	9.27		
Zones dégarnies	Griffez le sol, terreautez, roulez.			4.22.31	1.19.28	16.25			6.15	2.12			
	Semez, roulez, arrosez.				8	5	1			19			

En hiver, ne marchez pas sur votre pelouse s'il gèle ou en cas de neige, vous l'abîmeriez.

La culture de la plante est expliquée à la date encerclée.

117

Index du calendrier

Index du calendrier

Abricotier, 46, 72
Actinidia, 46, 78
Agastache, 66
Agrume, 84
Ail, 44, 46, 64, 68, 76, 82, 86
Althéa, 42
Alysse, 72
— odorante, 52, 56
Amaryllis, 86
Ancolie, 66
Anémone de Caen, 46
Annuelle, 56, 74, 82
Arabis, 72
Arbre :
— à feuillage caduc, 44, 86
— fruitier, 40, 42, 46, 50, 52, 82, 86
Arbuste :
— à feuillage persistant, 46, 50, 72, 74, 76
— à fleurs, 42, 50, 54, 58, 80, 86
— à petits fruits, 40, 42, 46, 54, 76, 78
Aromatique, 52, 54, 58, 62
Artichaut, 48, 50, 72, 78
Asperge, 42, 50, 78
Aster, 72
Aubergine, 44, 48, 50, 54, 58
Aubriète, 72
Aucuba, 74
Azalée, 76, 84

Basilic, 58
Bégonia, 44, 80, 82
— semperflorens, 44, 46, 56, 84
Belle-de-jour, 56
Betterave, 52, 54, 56, 58, 62, 72
Bignone, 64
Bleuet, 56
Brocoli, 48, 56, 58, 62, 64
Buddléia, 42
Buis, 48, 62, 72
Bulbe, 58, 60, 74, 78, 86

Campanule médium, 62
Canna, 44, 80, 82
Capucine, 56, 62
Cardon, 60, 62, 72, 76, 82
Carotte, 40, 42, 48, 50, 52, 54, 56, 58, 60, 62, 64, 66, 68, 72, 76, 80, 84
Cassissier, 46, 54
Céleri à côtes, 56, 60, 64, 72, 76, 82
Céleri-rave, 50, 54, 58, 62, 72
Cerfeuil, 54, 58
Cerfeuil tubéreux, 78
Chardon, 64
Charme, 84
Chicorée, 62, 66, 70, 82
— frisée, 52, 54, 56, 60, 66, 68, 72, 76
— italienne, 62
— sauvage, 62
— scarole, 52, 54, 56, 60, 66, 68, 72, 76
Chou, 58
— cabus, 44, 52, 54, 58, 70, 74, 78, 84
— de Bruxelles, 52, 54, 58, 60, 62, 66, 80, 84
— de Chine, 66, 70
— de Milan, 60, 62, 66
Chou-fleur, 40, 46, 48, 50, 56, 58, 62, 66
Chrysanthème, 46
Ciboulette, 52, 58
Citron, 84
Clarkia, 52
Clématite, 82, 86
Colchique, 68
Coloquinte, 60
Concombre, 48, 56, 60, 64, 74
Conifère, 76
Cornichon, 48, 56, 60, 64, 74
Courge, 54, 58, 60, 64, 68, 76, 78
Courgette, 54, 58, 60, 64, 66, 74
Crocus, 68, 74

Crosne, 50, 82, 86
Cyclamen, 68, 84
Cyprès, 72

Dahlia, 54, 80, 82
Deutzia, 42, 60

Échalote, 44, 46, 64, 68, 80, 82
Églantier, 70, 74, 86
Éléagnus, 72, 84
Endive, 56, 58, 62, 64, 80, 84, 86
Engrais vert, 74, 76
Épinard, 42, 48, 70, 74, 78, 80, 84
Estragon, 52, 58, 62, 80

Fenouil, 56, 58
Fève, 42, 52, 54, 78, 84
Figuier, 82
Forsythia, 42
Fraisier, 54, 62, 72, 74, 76, 78
Framboisier, 54, 62, 68, 72, 74, 86
Fuchsia, 46
Fusain, 72

Giroflée ravenelle, 62
Glaïeul, 52, 80, 82
Glycine, 64
Groseillier, 42, 46, 54
Gui, 86

Haie, 46, 62, 72, 84
Haricot, 62, 66
— à écosser, 58, 70, 72
— à filets, 58
— beurre, 58
— grimpant, 58
— mangetout, 58
— nain, 56, 58, 66, 70
Hélénium, 72
Hémérocalle, 68, 82
Hêtre, 84
Hortensia, 80

119

Immortelle, 56
Impatiens, 48, 50, 54
Iris, 68

Jacinthe, 60

Kaki, 80
Kiwi, 78

Laitue, 44, 48, 50, 64, 66, 84
— à couper, 48, 60, 70
— batavia, 48
— d'hiver, 42, 70, 78
— pommée, 40, 44, 48, 60, 80
— romaine, 48
Laurier-palme, 74
Laurier-rose, 68
Lavatère, 56
Lentille, 84
Lierre, 84
Lilas, 42
Lilas des Indes, 68
Lin, 66
Lis, 78
Lis de la Madone, 68, 78
Lupin, 66

Mâche, 42, 66, 70, 74, 78, 80, 84
Maïs, 62
Marjolaine, 62
Melon, 48, 52, 56, 58, 60
Menthe, 58
Mesclun, 60
Moutarde, 74
Muguet, 76
Myosotis, 62
Myrtillier, 54

Narcisse, 60, 74
Navet, 42, 48, 56, 58, 66, 68, 70, 72
Navette, 74
Nèfle, 80
Nigelle de Damas, 52
Noisetier, 44, 86
Noyer, 78

Œillet Chabaud, 44, 54, 56
Œillet d'Inde, 58
Œillet de poète, 62
Oignon, 46, 64, 68, 70, 72, 74, 76, 78
Olivier, 50, 82, 84
Orange, 84
Origan, 62
Oseille, 52

Panais, 52, 58, 82, 86
Pâquerette, 66, 70, 72, 74, 80
Pâtisson, 54, 58
Pavot de Californie, 74
Pavot d'Orient, 62
Pêcher, 46, 50, 72
Pélargonium, 44, 46, 50, 56, 84
Pelouse, 54, 58, 68, 74
Pensée, 66, 70, 72, 74, 80
Perce-neige, 46, 74
Persil, 54
Pied-d'alouette, 52, 74
Piéris, 76
Piment, 44, 48, 50, 54, 58
Pissenlit, 48, 50, 82
Pivoine, 72, 82
Poireau, 40, 44, 50, 52, 54, 58, 62, 66, 72, 82
Poirée, 56, 60
Poirier, 46, 60, 64, 66, 68, 70, 72, 74, 78
Pois :
— à grains ridés, 56
— à grains ronds, 44, 50, 52, 54, 76, 80, 84
— grimpant, 56, 80
— mangetout, 44, 50, 52, 54, 76, 80, 84
— nain, 56, 80
Pois chiche, 84
Pois de senteur, 74, 76
Poivron, 44, 48, 50, 54, 58
Pomelo, 84
Pomme de terre, 50, 54, 64, 68, 72, 80, 84
Pommier, 46, 60, 64, 66, 68, 70, 72, 74, 78
Potentille, 60

Potiron, 64, 68, 76, 78
Pourpier, 42, 60, 66
Prunellier, 64
Prunier, 66, 70, 74
Prunus, 42

Radis, 40, 48, 52, 58, 60, 64, 68, 70, 72, 74, 78, 80, 84
Raifort, 50, 82, 86
Renoncule, 46
Rhododendron, 76
Rhubarbe, 52
Romarin, 54, 62
Ronce, 64
Roquette, 60
Rose trémière, 62
Rosier, 40, 50, 70, 82, 86
Rudbeckia, 72
Rutabaga, 64, 66

Safran, 68
Salsifis, 56, 82, 86
Sarriette, 62
Sauge, 54, 58, 62
Saxifrage, 72
Scorsonère, 56, 82, 86
Seigle, 74
Seringat, 60
Soja, 84
Sternbergia, 68

Thuya, 72, 74
Thym, 54, 58, 62
Tilleul, 62
Tomate, 48, 54, 58, 62, 64, 68, 70, 74
Topinambour, 50, 82, 86
Tournesol, 56
Troène, 84
Tulipe, 60

Vesce, 74
Vigne, 46, 50, 74
Vigne vierge, 84
Viola, 70, 74, 80
Vivace, 54, 62, 66, 72, 80, 84